Kürbis

Stocker

Umschlaggestaltung: Werbeagentur Rypka GmbH, 8143 Dobl/Graz
Titelbild: „Gefüllte Patissons", Rezept siehe Seite 16.
Alle Rezepte und Rezeptbilder: Kochen & Küche, Graz, so nicht anders vermerkt.

Bibliografische Information Der Deutschen Bibliothek
Die Deutsche Bibliothek verzeichnet diese Publikation in der Deutschen Nationalbibliografie; detaillierte bibliografische Daten sind im Internet unter
http://dnb.ddb.de abrufbar.

Hinweis: Dieses Buch wurde auf chlorfrei gebleichtem Papier gedruckt. Die zum Schutz vor Verschmutzung verwendete Einschweißfolie ist aus Polyethylen chlor- und schwefelfrei hergestellt. Diese umweltfreundliche Folie verhält sich grundwasserneutral, ist voll recyclingfähig und verbrennt in Müllverbrennungsanlagen völlig ungiftig.

Auf Wunsch senden wir Ihnen gerne kostenlos unser Verlagsverzeichnis zu:
Leopold Stocker Verlag GmbH
Hofgasse 5 / Postfach 438
A-8011 Graz
Tel.: +43 (0)316/82 16 36
Fax.: +43 (0)316/83 56 12
E-Mail: stocker-verlag@stocker-verlag.com
www.stocker-verlag.com

ISBN 978-3-7020-1221-2

Layout und Repro: Werbeagentur Rypka GmbH, 8143 Dobl/Graz
Druck und Bindung: Gorenjski tisk, Kranj - Slowenien

Kürbis

Einfach & gut!

Die besten Rezepte

Leopold Stocker Verlag
Graz – Stuttgart

Inhalt

Kürbis als Beilage

Süßer Kürbis

Getränke/Gelees/Aufstriche

Kürbis – ein Gemüse erobert die Welt

Ursprünglich auf dem amerikanischen Kontinent beheimatet, gilt der Kürbis als eines der „Mitbringsel" von Christoph Kolumbus von seinen Entdeckungsfahrten nach Amerika. Mittlerweile werden die domestizierten Kürbisarten weltweit in warmen Gebieten angebaut. Eine dieser besonderen Arten ist der steirische Ölkürbis, aus dem das berühmte österreichische Kürbiskernöl gewonnen wird.

Nicht nur eine Halloween-Laterne

Kürbisse erfreuen sich in Mitteleuropa mittlerweile einer großen Fangemeinde, die aus diesem schmackhaften Gemüse nicht nur Halloween-Laternen bastelt, sondern für das Fruchtfleisch auch Verwendung in der Küche findet.

Kürbis ist nämlich nicht nur besonders schmackhaft, sondern auch ausgesprochen gesund. Da Kürbis sehr viel Wasser, dafür aber kaum Kohlenhydrate enthält, haben 100 g nur 27 Kalorien. Er liefert allerdings sehr viele Nährstoffe, wie Beta-Carotin, die Vitamine A, B_1, B_2 und B_6, Magnesium, Kalium und Kalzium, Eisen, Phosphor und Folsäure. Gleichzeitig ist er aber arm an Natrium und eignet sich daher auch für Personen mit erhöhtem Blutdruck.

Kürbis ist sehr bekömmlich und gut verdaulich und empfiehlt sich daher für die Reduktionskost.

Kürbis ist nicht gleich Kürbis

In Europa sind nur zwei Gattungen von insgesamt 90 mit über 800 Arten von Kürbissen heimisch, weswegen ihre Bedeutung oft unterschätzt wird.

Allerdings gehören ca. 1/7 aller Gemüsearten, die weltweit auf den Markt kommen, zu dieser Familie. Auch Gurken, Zucker- und Wassermelonen sowie Zucchini gehören zur Familie der Kürbisgewächse. Folgende Kürbisse werden besonders gerne in der Küche verwendet:

Hokkaidokürbis

Der Hokkaidokürbis ist einer der besten Speisekürbisse. Er hat ein oranges Fruchtfleisch und einen nussigen Geschmack. Er muss zum Kochen (z. B. für Suppen) nicht geschält werden.

Patisson

Der Patisson ist ein Sommerkürbis und hat ein weißes, eher festes Fruchtfleisch. Verwendet man ihn zur Zierde oder als „Tellerersatz", ist er sehr dekorativ.

Muskatkürbis

Der Muskatkürbis ist ein sehr großer und schwerer Kürbis mit einem gelben bis orangen und sehr aromatischen Fruchtfleisch.

Butternutkürbis

Der Butternutkürbis hat ein gelbes bis oranges, eher festes Fruchtfleisch und einen sehr feinen, nussigen Geschmack

Langer von Neapel

Der Lange von Neapel enthält nur wenige Kerne und ist deshalb besonders ergiebig. Er hat ein dunkeloranges Fruchtfleisch und reift eher spät.

Spargelkürbis

Die Früchte sind eher länglich, zylindrisch und besitzen eine weiße bis gelbliche Farbe. Das Fruchtfleisch ist sehr fein und besitzt einen angenehm milden Geschmack.

Es gibt natürlich noch viele andere Sorten von Speise-, Halloween- oder Zierkürbissen, die man auch im eigenen Garten anbauen kann.

In „Kürbis – Einfach & gut" finden Sie 64 Rezepte zu Kürbis, Kürbiskernen oder Kürbiskernöl, kombiniert mit den verschiedensten Zutaten, so dass für jeden Geschmack etwas dabei sein sollte. Verwöhnen Sie Ihre Familie und Freunde mit Panierten Kürbisscheiben mit Joghurt-Dip, Gefüllten Patissons, Mozzarella mit Kürbis, Kürbiscremesuppe mit Pilsschaum und Gemüsestroh, Kürbiskernöl-Pfannkuchen/-Palatschinken, Kürbisgemüse auf Spiegeleiern, Kürbiskern-Schupfnudeln, Gebrannter Kürbiscreme oder süßen Kürbiskrapfen.

Wir wünschen Ihnen gutes Gelingen und guten Appetit!

Gesulzter Kürbis

Zutaten (4 Portionen)
200 g Kürbisfleisch
100 g Äpfel
2 Kiwi
4 EL Ahornsirup
1/2 l Apfelsaft oder weißer Traubensaft
4 Blatt Gelatine

Frischhaltefolie

Vorbereitung
- Den Kürbis in sehr kleine Würfelchen (Brunoise) schneiden.
- Die Äpfel und die Kiwi ohne Schale und Kerngehäuse in dünne Streifen schneiden und gemeinsam mit dem Kürbis, Ahornsirup, Apfelsaft oder Traubensaft in einer geeigneten Schüssel vermischen.

Zubereitung
- Die Gelatineblätter in kaltem Wasser einweichen. Danach gut ausdrücken, im Wasserbad auflösen und zu den Früchten dazugeben und einrühren.
- Eine Terrinenform mit Frischhaltefolie auslegen, das Kürbisgelee einfüllen und für mindestens 4 Stunden kalt stellen.
- Danach aus der Terrinenform stürzen, die Folie entfernen und in gewünschten Portionen aufschneiden.

Zubereitungszeit 30 Minuten, Wartezeit 4 Stunden

Kürbis-Gemüse-Spießchen

Vorbereitung
- Den Kürbis in 3 cm große Würfel und die Zucchini und den Maiskolben in 2 cm dicke Scheiben schneiden.
- Die Paprikaschoten längs halbieren, den Stielansatz und die Kerne entfernen und die Schote in 3 cm breite Streifen schneiden. Die Champignons putzen.

Zubereitung
- Die Maiskolbenscheiben in Dampf rund 8 Minuten garen. Kürbiswürfel und Zucchinischeiben sowie Paprikascheiben 3 Minuten mitgaren – das Gemüse soll noch Biss haben. Mit Salz und Pfeffer würzen.
- Das Gemüse zusammen mit den rohen Champignons auf Holzspießchen aufspießen.
- Die Kräuter der Provence mit dem Olivenöl verrühren und die Spießchen damit einpinseln.
- Die Gemüsespießchen in einer beschichteten Bratpfanne oder auf dem Grill braten.

Zubereitungszeit 30 Minuten

Tipp
Dazu passen Ofenkartoffeln und ein knackiger Blattsalat!

Zutaten (4 Portionen)
300 g Kürbisfleisch
1 mittlere Zucchini
2 frische Maiskolben
je 1 rote und gelbe Paprikaschote
200 g Champignons
Salz und Pfeffer
2 TL Kräuter der Provence
4 EL Olivenöl

Holzspießchen

Herbstsalat

mit Rahm-Kernöl-Dressing und gebackenem Kürbis

Zutaten (4 Portionen)

Gebackener Kürbis
400 g Kürbisfleisch
(z. B. „Langer von Neapel")
Salz
2 Eier
100 g Hartkäse, gerieben

Salat
2 Handvoll Feld-/Vogerlsalat
2 Handvoll Herbstchicoree/
Zuckerhutsalat

Dressing
2 EL Crème fraîche
2 EL Kürbiskernöl
Salz
1 EL Apfelessig
1 EL Wasser

Dinkelmehl zum Wenden
Butterschmalz zum
Herausbacken
verschiedene Gewürze
(Knoblauch, Oregano, Thymian,
Basilikum, Rosmarin etc.)
zum Bestreuen

Vorbereitung
- Feld-/Vogerlsalat in kaltem Wasser waschen und gut abtropfen lassen. Herbstchicoree/Zuckerhutsalat in ca. 2 cm breite Streifen schneiden und in lauwarmem Wasser waschen.
- Für den gebackenen Kürbis 8 Scheiben (ca. 1 cm dick und in gewünschter Größe) vom Kürbis (ohne Schale) abschneiden und salzen. Danach in Dinkelmehl wenden.

Zubereitung
- Für das Dressing Crème fraîche mit Kürbiskernöl verrühren, salzen und Apfelessig und Wasser untermischen.
- Die zwei Salate mischen, auf Tellern anrichten und mit dem Dressing beträufeln. Mit verschiedenen Kräutern dekorativ bestreuen.
- Die Eier aufschlagen, verrühren und mit geriebenem Hartkäse vermischen.
- Die Kürbisscheiben in die Ei-Käse-Mischung tauchen und in heißem Butterschmalz schwimmend herausbacken.
- Anschließend auf Küchenpapier abtrocknen und je 2 Scheiben auf dem Salat anrichten.

Zubereitungszeit 25 Minuten

Kürbisrohkost

mit Sellerie und Möhren/Karotten

Vorbereitung

- Schnittlauch und Petersilie waschen und schneiden bzw. fein hacken. Kürbisfleisch in feine Streifen schneiden. Sodann mit Rotweinessig, Salz, Pfeffer und einem Drittel der gehackten Kräuter vermengen.
- Sellerie und Möhren/Karotten waschen, schälen und ebenfalls in feine Streifen schneiden. Sellerie mit Zitronensaft, Salz, Pfeffer und der halben Menge der verbliebenen Kräuter vermischen. Die Möhren-/Karottenstreifen mit Sherry-Essig, Salz, Pfeffer und den restlichen Kräutern marinieren.
- Die Salatzutaten kühl stellen und einen Salatteller vorkühlen.

Zubereitung

- Den Radicchio waschen und zerteilen. Die Eier schälen, halbieren und mit Pfeffer bestreuen.
- Die verschiedenen Gemüse auf den Radicchioblättern anrichten und mit den Eihälften und den Petersilienblättchen garnieren.

Zubereitungszeit 30 Minuten

Zutaten (4 Portionen)

200 g Kürbisfleisch
200 g Sellerie
200 g Möhren/Karotten
je 1 Bund Petersilie
und Schnittlauch
etwas Salz
Pfeffer, frisch gemahlen
Saft von 1 Zitrone
etwas Sherry- und Rotweinessig
1/2 Kopf Radicchio
4 Eier, kernweich gekocht

Petersilienblättchen
zum Garnieren

Kürbis-Reispfanne

Zutaten (4 Portionen)
200 g Langkornreis
Salz und weißer Pfeffer
500 g Kürbis
400 g Schinkenwurst (im Stück)
500 g Lauch
20 g frischer Ingwer
2 EL Butter
1/4 l Rindsuppe
4 EL Essig
2-3 EL Zucker
1 EL Speisestärke
etwas Chili aus der Gewürzmühle

Petersilie zum Bestreuen

Vorbereitung

- Den Reis in kochendem Salzwasser ca. 20 Minuten garen.
- Kürbis in Spalten schneiden und die Kerne entfernen. Kürbisspalten schälen und das Fruchtfleisch in kleine Würfel schneiden.
- Von der Schinkenwurst die Haut abziehen und die Wurst in Streifen schneiden.
- Den Lauch putzen, waschen und ebenso in Streifen schneiden. Ingwer schälen und fein hacken.

Zubereitung

- Die Butter in einer Pfanne erhitzen und Ingwer, Wurst und Lauch darin anrösten. Danach herausnehmen.
- Kürbis im Bratfett andünsten und mit Suppe und Essig ablöschen. Zucker zugeben und zugedeckt ca. 15 Minuten köcheln lassen. Speisestärke anrühren und die Sauce damit binden. Mit Salz, Pfeffer und Chili würzen. Den Reis in einem Sieb abtropfen lassen.
- Wurst und Lauch zum Kürbisgemüse geben, einige Minuten erhitzen und nochmals würzen.
- Den Reis ringförmig anrichten und in die Mitte das Kürbis-Wurst-Gemüse geben. Zuletzt das Gericht mit Petersilie bestreuen.

Zubereitungszeit 50 Minuten

„Steirisches Gerstlrisotto"

Vorbereitung
- Die Rollgerste über Nacht in kaltem Wasser einweichen, am nächsten Tag abseihen und das Wasser bereithalten.
- Das Kürbisfleisch in kleine Würfel schneiden. Die Zwiebel schälen und fein schneiden.

Zubereitung
- Die Butter in einer Kasserolle zerlassen und die Zwiebel darin kurz anrösten. Danach die Rollgerste zugeben und nach und nach mit dem Gemüsefond oder dem bereitgehaltenen Wasser aufgießen.
- Den Weißwein zugießen und mit Salz, Pfeffer und Muskatnuss würzen. 5 Minuten vor dem Garwerden das Kürbisfleisch zugeben.
- Den Gerstlrisotto auf vorgewärmten Tellern anrichten und vor dem Servieren mit Kürbiskernöl beträufeln.

Zubereitungszeit 30 Minuten, Rollgerste am Vortag einweichen

Zutaten (4 Portionen)
250 g Rollgerste
300 g Kürbisfleisch
80 g Zwiebel
1 EL Butter
1/2 l Gemüsefond
1/8 l Weißwein
Salz und Pfeffer
etwas Muskatnuss

Kürbiskernöl zum Beträufeln

Panierte Kürbisscheiben

mit Joghurtdip

Zutaten (4 Portionen)
600 g Kürbisfleisch
2 EL Kürbiskerne, geschrotet
Salz und Pfeffer aus der Mühle

Joghurtdip
250 g Joghurt
Saft von 1/2 Zitrone
etwas Muskatnuss, gerieben
je 1 TL Schnittlauch, Petersilie, Kresse und Kerbel, fein gehackt
Salz und Pfeffer aus der Mühle

2 Eier, Mehl und Paniermehl/Semmelbrösel zum Panieren
Öl zum Ausbacken

Vorbereitung

- Das Kürbisfleisch mit einer Aufschnittmaschine in dünne Scheiben (1/2 cm) schneiden. Danach mit Salz und Pfeffer würzen.
- Für den Joghurtdip die Kräuter, Zitronensaft, Muskatnuss, Salz und Pfeffer mit Joghurt in einer Schüssel gut verrühren.
- Die Kürbiskerne mit dem Paniermehl/den Semmelbröseln vermischen.

Zubereitung

- Die Kürbisscheiben mit Mehl, Ei und dem Paniermehl-Kürbiskern-Gemisch panieren und in reichlich heißem Fett ausbacken (die Kürbisscheiben sollen im Fett schwimmen). Danach herausnehmen und abtropfen lassen.
- Die Kürbisscheiben auf vorgewärmten Tellern anrichten und mit dem Dip servieren.

Zubereitungszeit 30 Minuten

Kürbis-Kartof

mit Kräutersauce

Zutaten (4 Portionen)
500 g Kartoffeln
2 Eigelb/Eidotter
3 EL Mehl
200 g Muskatkürbis
5 EL Saure Sahne/Sauerrahm
1 EL Kräuter
Salz, Pfeffer, Muskat
Öl zum Braten

Vorbereitung

- Die Kartoffeln waschen, schälen, fein reiben und ausdrücken.
- Kürbis schälen und fein reiben.

Puffer

Zubereitung
- Den Kürbis mit den Kartoffeln sowie 2 EL Saurer Sahne/Sauerrahm, Mehl, Eigelb/Eidotter und den Gewürzen vermengen.
- 3 EL Saure Sahne/Sauerrahm mit den Kräutern zu einer Kräutersauce vermengen.
- In heißes Öl kleine Häufen vom Kürbis-Kartoffel-Gemisch setzen, beidseitig langsam braten und zuletzt mit der Kräutersauce servieren.

Zubereitungszeit 30 Minuten

Tipp
Sie können dieses Gericht auch als Beilage oder mit Salat zu Tisch bringen!

Kürbis-Apfel-Rohkost

mit Kürbiskernöl

Zutaten (4–6 Portionen)
150 g Äpfel, geschält
350 g Muskatkürbis
1 TL Zitronensaft
4 EL Kürbiskernöl
Salz und Pfeffer

Apfelspalten, Salbeiblätter, Orangenschale, gerieben, zum Garnieren

Zubereitung
- Kürbis und Äpfel fein reiben, mit etwas Zitronensaft vermengen und salzen und pfeffern.
- Beim Anrichten kann etwas Kürbiskernöl unter die Rohkost gegeben werden.
- Mit Salbeiblättern, Apfelspalten und geriebener Orangenschale garnieren.

Zubereitungszeit 15 Minuten

Gefüllte Patissons*

Zutaten (4 Portionen)
4 Patissons*
1/2 l Gemüsesuppe
1 Zwiebel, fein gehackt
1 Knoblauchzehe, fein gehackt
3 EL Butter
3 EL Petersilie, gehackt
500 g Hackfleisch/Rindfleisch, faschiert
5 EL Rotwein
2 EL Tomatenmark
etwas Salz und Pfeffer

* Patissons = Varietäten des Gartenkürbisses aus der Familie der Kürbisgewächse

Vorbereitung

- Die Patissons waschen, von der Oberseite jeweils einen Deckel abschneiden, mit Hilfe eines Löffels die Hälfte des Fruchtfleisches aushöhlen und dabei die Kerne entfernen. Das Fruchtfleisch beiseite stellen.
- Die Suppe aufkochen lassen. Die Patissons zusammen mit den Deckeln in der siedenden Suppe etwa 10 Minuten zugedeckt ziehen lassen. Danach mit einem Schaumlöffel herausheben und in eine Gratinform stellen. Anschließend die Suppe zugießen.
- Den Backofen auf 200 °C vorheizen. Das Kürbisfleisch in kleine Würfel schneiden.

Zubereitung

- Butter in einem Topf zerlassen, Zwiebel, Knoblauch und Petersilie kurz darin dünsten. Das Hackfleisch/Faschierte zugeben, kräftig anbraten und mit Rotwein ablöschen. Die Kürbiswürfel und das Tomatenmark beifügen, alles gut vermengen und etwa 10 Minuten zugedeckt bei geringer Hitze köcheln lassen.
- Die Fleischmischung mit Salz und Pfeffer würzen und in die ausgehöhlten Kürbisse füllen. Die Deckel daraufsetzen, die Gratinform mit Alufolie abdecken und die Patissons auf der mittleren Schiene etwa 20 Minuten garen.

Zubereitungszeit 60 Minuten

Kürbissalat mit Champignons

Vorbereitung
Die Kürbiskerne trocken rösten. Den Kürbis schälen, entkernen und blättrig schneiden. Die Champignons putzen und in Scheiben schneiden.
Den Kürbis in der halben Menge des Öls andünsten. Danach aus der Pfanne nehmen und beiseite stellen. In der gleichen Pfanne im übrigen Öl die Pilze andünsten und danach auskühlen lassen.
Den Feld-/Vogerlsalat gut waschen und abtropfen lassen. Petersilie waschen, trocken tupfen und fein hacken.

Zubereitung
Für das Dressing Essig, beide Öle, Salz und Pfeffer glatt verrühren. Den Ingwer schälen und mit der Küchenreibe direkt in das Dressing reiben. Petersilie beifügen.
Den Feld-/Vogerlsalat auf Tellern verteilen und mit etwas Dressing beträufeln. Kürbis und Pilze mit dem übrigen Dressing vermengen und anrichten.
Vor dem Servieren die Kürbiskerne darüberstreuen und zuletzt den Salat mit Kürbiskernöl verzieren.

Zubereitungszeit 30 Minuten

Zutaten (4 Portionen)
600 g Kürbis
3 EL Kürbiskerne
200 g Champignons
200 g Feld-/Vogerlsalat
1 EL Sonnenblumenöl

Dressing
3 EL Essig
3 EL Sonnenblumenöl
2 EL Walnussöl
1 kleines Stück Ingwer
1/2 Bund Petersilie
Salz und Pfeffer

Kürbiskernöl zum Beträufeln

Mozzarella
mit Kürbis

Zutaten (2 Portionen)
100 g Mozzarella
etwas Basilikum
2 EL Olivenöl
50 g Muskatkürbis
1 EL Balsamico-Essig
Salz, Pfeffer, Kapernbeeren
etwas Kürbiskernöl
4 Scheiben Vollkorntoastbrot

Vorbereitung
- Den Kürbis in sehr feine Blätter schneiden.
- Den Mozzarella in Scheiben schneiden und beides auf einem großen Teller arrangieren.

Zubereitung
- Nach dem Anrichten mit Olivenöl und Balsamico-Essig besprühen, leicht salzen und pfeffern.
- Die Kürbisscheiben nach Geschmack mit Kürbiskernöl beträufeln und mit Kapernbeeren garnieren.
- Das Toastbrot entrinden und diagonal in 4 Dreiecke schneiden. In einer Pfanne ohne Fett anrösten/bähen und noch warm zu diesem Gericht servieren.

Zubereitungszeit 15 Minuten

■ Tipp
Den Mozzarella etwas temperiert, den Kürbis gut gekühlt servieren!

Kürbis-Pasta m
gerösteten Kürbiskerne

Zutaten (3 Portionen)
300 g Penne
2 EL Olivenöl
1 Zwiebel, fein geschnitten
600 g Kürbisfleisch, in kleine Würfel geschnitten (Muskatkürbis)
Salz und Pfeffer
50 g Kürbiskerne, geröstet
3 EL Kürbiskernöl

Vorbereitung
- Reichlich Wasser zum Kochen bringen und leicht salzen. Penne hineingeben und al dente (bissfest) kochen.
- In einer Kasserolle das Olivenöl erhitzen, die Zwiebel darin kurz anrösten, das in Würfel geschnittene Kürbisfleisch dazugeben und knackig dünsten.

Zubereitung

- Die Penne abseihen, zum Kürbis geben, gut vermischen, mit Salz und Pfeffer würzen, abschmecken und auf vorgewärmten Suppentellern anrichten.
- Mit den gerösteten Kürbiskernen bestreuen und jede Portion mit 1 EL Kürbiskernöl beträufeln.

Zubereitungszeit 20 Minuten

Pikante Kürbiskrapfen

mit Kräuter-Dip

Zutaten (4 Portionen)

Kürbiskrapfen

300 g Kürbisfleisch
150 g Vollkornmehl
1 Ei
1 EL Hartkäse, gerieben
1 Pck. Backpulver
1/2 TL Kräutersalz
1 TL Petersilie, fein geschnitten
50 g Quark/Topfen, 3 % F. i. T.
Pfeffer aus der Mühle

Kräuter-Dip

1 Becher Joghurt
1 EL Crème fraîche,
2 EL Gartenkräuter (Schnittlauch, Kerbel, Estragon, Petersilie), fein geschnitten
Zitronensaft, Salz und Pfeffer

Öl zum Frittieren

Vorbereitung

- Für das Kürbispüree den Kürbis schälen, in kleine Würfel schneiden und dämpfen (garen im drucklosen Wasserdampf). Mit dem Stabmixer noch heiß pürieren, danach auskühlen lassen.
- Alle Zutaten für die Kürbiskrapfen in eine Schüssel geben und zu einem glatten Teig verrühren. Anschließend den Teig 30 Minuten quellen lassen.

Zubereitung

- Für den Kräuter-Dip alle Zutaten in einer Schüssel verrühren und mit Zitronensaft, Salz und Pfeffer abschmecken.
- Den Kürbiskrapfenteig mit einem Esslöffel portionieren und bei 140 °C schwimmend in heißem Öl herausbacken, bis die Krapfen goldbraun sind. Danach herausnehmen und abtropfen lassen.
- Die Kürbiskrapfen mit dem Kräuter-Dip servieren.

Zubereitungszeit 50 Minuten

Kürbiscremesuppe

mit Pilsschaum und Gemüsestroh

Zutaten (4 Portionen)
600 g Kürbisfleisch
(Muskatkürbis oder Hokkaido)
1/2 Zwiebel
1 EL Butter zum Schwenken
3/4 l Rindsuppe
4 EL Kürbiskernöl
etwas Muskatnuss, gemahlen
Salz und Pfeffer

Gemüsestroh
Lauchgrün, Knollensellerie und
Kürbisfleisch (für 4 Portionen)
Öl zum Frittieren

1 EL Kürbiskerne, geröstet
200 ml Pilsschaum

Vorbereitung

- Für das Gemüsestroh Knollensellerie und Kürbis schälen und in sehr feine Streifen schneiden.
- Das Lauchgrün waschen und ebenfalls in feine Streifen schneiden. In einer Bratpfanne etwas Öl erhitzen und die Gemüsestreifen darin kurz frittieren (herausbacken). Anschließend herausnehmen, abtropfen lassen und warm stellen.
- Das Kürbisfleisch in kleine Würfel schneiden. Die Zwiebel schälen und fein schneiden.

Zubereitung

- In einem geeigneten Kochtopf die Butter erhitzen und das Kürbisfleisch und die Zwiebel darin kurz durchrösten. Danach mit Rindsuppe aufgießen und weich kochen.
- Anschließend im Mixer aufmixen und wieder in den Kochtopf zurückgeben. Mit Muskatnuss, Salz und Pfeffer und 1 EL Kürbiskernöl würzen.
- Die Suppe in vorgewärmte Teller gießen und die Kürbiskerne und das Gemüsestroh einstreuen. Zuletzt die Suppe mit dem restlichen Kürbiskernöl beträufeln und mit dem Pilsschaum garnieren.

Zubereitungszeit 40 Minuten

■ Tipp

Für den Pilsschaum ein Glas Bier (Pils) eingießen und den Schaum mit einem Löffel abnehmen.

Kürbissuppe
mit Wels-/Wallerlaibchen

Vorbereitung
- Den Kürbis halbieren und das Kerngehäuse entfernen. Das Kürbisfleisch mit einem Löffel herausschaben, dabei nicht zu viel vom Rand wegnehmen, da das Kürbisfleisch am Rand oft holzig ist. Es soll auch kein Loch in der Außenwand des Kürbisses entstehen.
- Für die Wels-/Wallerlaibchen das Wallerfleisch in kleine Würfel schneiden und gut kühlen. In einer Küchenmaschine mit den übrigen Zutaten pürieren und danach kalt stellen.
- Die Schalotte schälen und in kleine Würfel schneiden.

Zubereitung
- Die Butter erhitzen und die Schalotte darin anschwitzen. Das Kürbisfleisch zugeben, mit Gemüsebouillon aufgießen, salzen und pfeffern. Das Kürbiskernöl zugeben und alles weich kochen.
- Anschließend mit einem Stabmixer fein pürieren, die Sahne/das Obers zugeben und falls erforderlich, nochmals würzen.
- Aus der Wels-/Wallermasse gleichmäßige Laibchen formen und in Salzwasser (oder in Fischfond) pochieren (in heißem, aber nicht kochendem Wasser garen).
- Die Kürbishälften kurz in heißes Wasser tauchen und danach gut trocknen.
- Die Suppe eingießen und die Wels-/Wallerlaibchen einlegen. Zuletzt die Suppe beliebig garnieren.

Zubereitungszeit 45 Minuten

Zutaten (2 Portionen)
1 Hokkaido-Kürbis
1/4 l Gemüsebouillon
1 kleine Schalotte
Salz und Pfeffer
1 TL Kürbiskernöl
1/16 l Sahne/Obers

Wels-/Wallerlaibchen
200 g Wels-/Wallerfleisch
1 Eiweiß/Eiklar
1/16 l Sahne/Obers
2 cl Noilly Prat
(französischer Wermut)
Salz und Cayennepfeffer

Butter zum Anschwitzen
Kürbiskerne und Kräuter zum Garnieren

1

2

Klare Kürbissuppe
mit Kürbisschöberl*

Zutaten (4 Portionen)
2 kg Muskat- oder Hokkaido-Kürbisfleisch
2 l kaltes Wasser
2 Lorbeerblätter
weiße Pfefferkörner
etwas Salz
3 kleine Zwiebeln
1 Jungzwiebel (nur grüner Teil)
1/2 Bund Schnittlauch
etwas Pfeffer

Schöberl
40 g Mehl
2 Ei
etwas Salz
40 g Kürbisfleisch
Kürbiskerne, geröstet

Backpapier für das Backblech

* Schöberl = rasch und heiß gebackene Suppeneinlage

Vorbereitung

- Das Kürbisfleisch in Würfel schneiden, bissfest kochen und als Einlage für die Suppe bereithalten. Die Zwiebeln schälen und in Spalten schneiden. Die Jungzwiebel in kleine Stücke schneiden. Den Schnittlauch waschen und in Röllchen schneiden.
- Kürbisfleisch, Zwiebeln, Jungzwiebel und die Gewürze (Bild 1) im Wasser langsam zum Kochen bringen und 30 Minuten köcheln lassen.
- Für das Schöberl den Backofen auf 160 °C vorheizen. 40 g Kürbisfleisch in kleine Würfel schneiden.
- Die Eier trennen, die Eiweiß/Eiklar zu steifem Schnee schlagen, die Eigelb/Eidotter einrühren und das Mehl unterheben. Zuletzt leicht salzen.

Zubereitung

- Die Masse auf ein mit Backpapier ausgelegtes Backblech streichen, mit den Kürbiswürferln und den Kürbiskernen bestreuen (Bild 2) und im Backofen 5-6 Minuten backen.
- Die Kürbissuppe vorsichtig durch ein feines Sieb gießen und danach mit Salz und Pfeffer würzen.
- Das Schöberl aus dem Backofen nehmen, in gewünschte Formen schneiden und in der Kürbissuppe mit den vorbereiteten Kürbiswürferln servieren.

Zubereitungszeit 1 Stunde

Kernölschaumsuppe

mit Sahne/Obers verfeinert

Zutaten (4 Personen)
100 g Zwiebel, fein geschnitten
2 Stück Knoblauchzehen, fein geschnitten
750 ml Rindsuppe oder kräftigen Gemüsefond
7 ml Kürbiskernöl
200 ml Schlagsahne/-obers
80 g Butter
80 g Mehl
Salz

Schlagsahne/-obers, Kürbiskernöl und Kürbisfleisch als Garnitur

Zubereitung

- Zwiebel in warmer Butter anschwitzen und geschnittenen Knoblauch beigeben. Mehl mitrösten.
- Mit der Suppe bzw. dem Fond auffüllen und unter ständigem Rühren kochen lassen. Aufmixen und durch ein feines Sieb passieren.
- Schlagsahne/-obers einrühren, Kürbiskernöl einmixen und abschmecken.
- Gut schaumig mit einem Tupfen geschlagener Sahne/Obers, einigen Tropfen Kernöl und geraspeltem Kürbisfleisch anrichten.

Zubereitungszeit 30 Minuten

■ Tipp
Achten Sie darauf, qualitativ gutes Kernöl zu verwenden. Nur dann erhalten Sie die wunderbare Farbe und den einmaligen Geschmack!

Kürbiscrem

mit Kernöl garniert

Zutaten (4 Portionen)
400 g Kürbisfleisch
50 g Jungzwiebeln
40 g Butter
1/2 l Rindsuppe
1/4 l Sahne/Obers
2 EL Crème fraîche
Salz und Pfeffer

Kürbiskernöl zum Beträufeln

Vorbereitung

- Kürbisfleisch in kleine Würfel schneiden und Jungzwiebeln fein schneiden.

uppe

Zubereitung

- Butter in einem geeigneten Topf schmelzen und Zwiebeln darin anschwitzen. Kürbiswürfel dazugeben, andämpfen und durchrühren. Mit Suppe aufgießen und kochen, bis der Kürbis weich und passierfähig ist.
- Die Suppe mit dem Stabmixer fein mixen, Sahne/Obers und Crème fraîche zugeben, mit Salz und Pfeffer würzen und nochmals kurz aufmixen, danach abschmecken.
- Die Suppe eventuell in ausgehöhlten Kürbissen anrichten und nach Belieben mit etwas Kürbiskernöl beträufeln.

Zubereitungszeit 25 Minuten

Kürbissuppe mit Roter Bete/Roten Rüben und Kürbiskernöl

Zutaten (4 Portionen)

400 g Kürbisfleisch
1 kleine Kartoffel
1 kleine Zwiebel
1 kleine Rote Bete/Rübe
1 EL Butterschmalz
Muskatnuss und Koriander, gemahlen
800 ml Gemüsefond
Salz und Pfeffer,
4 TL Steirisches Kürbiskernöl g.g.A.*
4 TL Crème fraîche

* g.g.A. = geschützte geografische Angabe

Vorbereitung

- Das Kürbisfleisch in ca. 2 cm große Würfel schneiden. Die Kartoffel und die Zwiebel schälen und in kleine Würfel schneiden.
- Die Rote Bete/Rübe waschen und kernig kochen. Anschließend schälen und ausgekühlt in dünne Scheiben schneiden. Danach in Rauten schneiden und diese für die Einlage beiseite geben.

Zubereitung

- In einem Topf das Butterschmalz erhitzen, Zwiebel-, Kartoffel- und Kürbiswürfel anschwitzen, Muskat und Koriander zugeben, alles gut vermischen und mit dem Gemüsefond aufgießen.
- Die Suppe 15 Minuten kochen, danach aufmixen, mit Salz und Pfeffer würzen und abschmecken.
- In vorgewärmte Teller eingießen, mit Roter Bete/Rübe, Crème fraîche und Kürbiskernöl garnieren und servieren.

Zubereitungszeit 30 Minuten

Kalte Pflaumen-/Zwetschkensuppe

mit Kürbiskerneis

Zutaten (4 Portionen)

Pflaumen-/Zwetschkensuppe
600 g vollreife Pflaumen/Zwetschken
1/2 l Rotwein
4 cl Pflaumen-/Zwetschkenbrand
150 g Gelierzucker
1 Zimtstange
1 Vanilleschote

Kürbiskerneis
4 Portionen Vanilleeis
100 g Kürbiskerne, geschrotet
1 EL Braunzucker
5 TL Steirisches Kürbiskernöl
4 Melissenkronen

Vorbereitung

- Pflaumen/Zwetschken waschen, halbieren und entsteinen.
- In einem Topf Wein, Pflaumen-/Zwetschkenbrand, Gelierzucker, Zimtstange und die aufgeschnittene Vanilleschote zum Kochen bringen, die Pflaumen/Zwetschken dazugeben und 10 Minuten langsam köcheln lassen.
- Anschließend die Zimtstange, die Vanilleschote und 20 schöne Pflaumen-/Zwetschkenhälften für die Einlage aus dem Topf nehmen. Den Rest mit dem Stabmixer aufmixen, durch ein feines Sieb streichen und auskühlen lassen.

Zubereitung

- Für das Kürbiskerneis die Kürbiskerne mit Braunzucker und 1 TL Kürbiskernöl vorsichtig rösten, danach auskühlen lassen. Das Vanilleeis portionieren, in den gerösteten Kürbiskernen wälzen und wieder kalt stellen.
- Die Pflaumen-/Zwetschkensuppe in kalte Schalen füllen, die Zwetschkenhälften als Einlage zugeben und zuletzt das Kürbiskerneis daraufsetzen.
- Jede Portion mit 1 TL Kürbiskernöl beträufeln und mit 1 Melissenkrone garnieren.

Zubereitungszeit 1 Stunde

Kürbispizza

mit schwarzen Oliven

Vorbereitung

- Das Mehl in eine Schüssel sieben, mit Salz vermischen und eine Vertiefung machen. Die mit dem Honig verrührte Hefe/Germ sowie das Kürbispüree und das Öl in die Vertiefung geben. Alles zusammenfügen und zu einem geschmeidigen Teig verarbeiten.
- Je nach Konsistenz des Kürbispürees noch etwas Mehl oder etwas Flüssigkeit zugeben, da der Teig an den Händen nur leicht kleben darf.
- Den Teig auf der Arbeitsfläche gut kneten, dann in eine Schüssel legen und 30 Minuten gehen lassen.
- Die Zwiebel schälen und in feine Scheiben schneiden. Knoblauch schälen und fein schneiden. Den Mozzarella in gleich große Scheiben schneiden. Die Jungzwiebeln fein schneiden.

Zubereitung

- Für den Pizzabelag das Kürbisfleisch mit dem Gemüsehobel raspeln.
- Den Teig auf die Formgröße des Backbleches ausrollen, das Backblech befetten und den Teig darauflegen. Den Teigboden dünn mit Tomatenmark einpinseln.
- Die Kürbisraspeln, Zwiebeln, Knoblauch, Oliven, Jungzwiebel und Mozzarella darauf verteilen und würzen.
- Die Pizza im vorgeheizten Backofen bei 220 °C 20 Minuten backen. Vor dem Servieren mit Olivenöl beträufeln.

Zubereitungszeit 1 Stunde

Zutaten (1 Backblech, 40 x 60 cm)

350 g Dinkel- oder Weizenmehl
1 TL Meersalz
1 Paket Hefe/Germ (42 g)
1 TL Honig
350 g Kürbispüree
1 EL Olivenöl

Belag

500 g Kürbisfleisch
1 Zwiebel
2-3 Knoblauchzehen
300 g Mozzarella
2 EL Tomatenmark
20 schwarze Oliven
2 Jungzwiebeln
Salz und Pfeffer
2-3 EL Olivenöl

Kürbis-Lasagne mit Hühnerfleisch

Zutaten (4–6 Portionen)
1 kg Kürbisfleisch
Salz und Pfeffer
1 TL Paprikapulver
1 EL Olivenöl
400 g Hühnerbrust, in Streifen geschnitten
1 EL Olivenöl
1 kleine Zwiebel
2 Knoblauchzehen
400 g Tomaten (aus der Dose)
Kräutermeersalz
1 große Aubergine/Melanzani, ca. 350 g
150 g Vollkorn-Lasagneblätter
2-3 EL Parmesan, frisch gerieben

Vorbereitung

- Den Kürbis putzen, schälen und das Fleisch in Würfel schneiden. Im Dampf weich kochen. Anschließend das Kürbisfleisch mit einer Gabel grob zerdrücken und mit Salz, Pfeffer und Paprikapulver würzen.
- Die Hühnerbruststreifen in Olivenöl kräftig anbraten, anschließend in grobe Stücke schneiden und in das Kürbispüree mischen.
- Für die Tomatensauce die Zwiebel und die Knoblauchzehen schälen, fein schneiden und im Olivenöl andünsten. Die Tomaten grob schneiden, beifügen, 2–3 Minuten köcheln lassen und mit Salz würzen.
- Die Aubergine/Melanzani waschen und in 1 cm dicke Scheiben schneiden. In einer beschichteten Pfanne ohne Fett und nur mit Salz bestreut beidseitig anbraten.

Zubereitung

- Eine Gratinform mit Olivenöl einfetten und den Boden mit dem Kürbispüree bedecken. Fortfahren mit einer Lage Aubergine/Melanzani, den rohen Lasagneblättern und einer Schicht Tomatensauce. So weitermachen, bis alles aufgebraucht ist.
- Abschließend mit Parmesan bestreuen und mit Alufolie abdecken.
- Die Lasagne im vorgeheizten Backofen bei 180 °C 45 Minuten backen. Die Alufolie entfernen und nochmals 10 Minuten backen, bis die Lasagne eine schöne braune Kruste hat.

Zubereitungszeit 85 Minuten

Pikanter Kürbiskuchen

Vorbereitung

- Für den Teig das Mehl und das Salz in eine Schüssel sieben.
- Das Öl in einen Mixbecher geben. Wasser erwärmen, zum Öl geben und sofort mit dem Mixstab 1 Minute mixen, damit die Flüssigkeit dickflüssig wird.
- Die Flüssigkeit zum Mehl dazugießen, kurz zu einem Teig zusammenfügen, aber so wenig wie möglich kneten. Den Teig direkt in die befettete Form ausrollen und die Form kühl stellen.

Zubereitung

- Den Kürbis in mittelgroße Würfel schneiden und in Öl andünsten. Den Rosmarin unterrühren, mit Salz und Pfeffer würzen und auf dem Teigboden verteilen.
- Eier, Milch, Sahne/Obers, Parmesan und Emmentaler Käse vermischen und mit Salz und Pfeffer würzen. Den Überguss über dem Kürbis verteilen.
- Den Kürbiskuchen im vorgeheizten Backofen bei 180 °C 20–30 Minuten backen.

Zubereitungszeit 1 Stunde

■ Tipp

Gemeinsam mit einem Glas Rotwein ein herrlicher Aperitif!

Zutaten (1 Tortenform, 28 cm Durchmesser)

275 g Vollkornmehl
1/4 TL Meersalz
175 ml Wasser
50 ml Kürbiskernöl

Fülle

500 g Kürbisfleisch
2 EL Olivenöl
1 EL Rosmarinnadeln, gehackt
Kräutermeersalz
Pfeffer aus der Mühle
2-3 Eier
100 ml Milch
2 EL Sahne/Obers
2 EL Parmesan, gerieben
100 g Emmentaler Käse, gerieben
Salz und Pfeffer

Kernöl-Rührei/-Eierspeise
auf Schwarzbrot mit Schnittlauch

Zutaten (2 Portionen)
4 Eier
2 Scheiben Brot
4 EL Steirisches Kürbiskernöl g.g.A.*
1 EL Butterschmalz
Salz und Pfeffer
1 Bund Schnittlauch, in feine Röllchen geschnitten

* g.g.A. = geschützte geografische Angabe

Vorbereitung
- Die Eier in eine Schüssel schlagen und mit einer Gabel verrühren.
- In einer Bratpfanne die Brotscheiben vorsichtig antoasten und leicht mit Kürbiskernöl bestreichen.

Zubereitung
- Das Butterschmalz in der Pfanne erhitzen, die Eier zugeben und mit Salz und Pfeffer würzen. Mit einer Gabel umrühren und darauf achten, dass die Eier nicht zu fest stocken.
- Die getoasteten Brotscheiben auf vorgewärmte Teller legen, mit Rührei/Eierspeise belegen, Schnittlauch darüberstreuen und zuletzt mit einem Schuss Kürbiskernöl vollenden.

Zubereitungszeit 10 Minuten

Kürbis-Eintopf
mit Kartoffelwürfeln

Zutaten (2 Portionen)
400 g Kürbis
2 Kartoffeln, gewaschen und geschält
1 Zwiebel
4 EL Öl
1 TL Paprikapulver
1/2 TL Chilipulver
1 TL Zucker
Salz
1/4 l Wasser
1 Suppenwürfel

Vorbereitung
- Kürbis schälen, das Kürbisfleisch und die geschälten und gewaschenen Kartoffeln in 3 cm große Würfel schneiden.
- Die Zwiebel schälen, klein schneiden.

Zubereitung

- Die Zwiebel in einem Topf mit heißem Öl goldgelb anrösten. Die Kartoffelwürfel dazugeben und 3 Minuten mitrösten.
- Den Topf von der Platte nehmen und die Gewürze daruntermischen. Mit Wasser aufgießen, den Suppenwürfel hineinkrümeln/-bröseln und 5 Minuten kochen lassen.
- Die Kürbisstücke dazugeben und 7 Minuten langsam köcheln lassen.

Zubereitungszeit 30 Minuten

Kernöl-Pfannkuchen*

mit Lauchfülle

Zutaten (4 Portionen)

Pfannkuchen/Palatschinken

1/2 l Milch
200 g Mehl
3 Eier
Salz und Pfeffer

Fülle

120 g Lauch, fein geschnitten
1 EL Kürbiskernöl zum Dünsten
40 g Kürbiskerne, geröstet
120 g Magerquark/-topfen
1 Knoblauchzehe
Salz und Pfeffer

Öl zum Herausbacken
2 EL Kürbiskernöl zum Garnieren

* Pfannkuchen = Palatschinke

Vorbereitung

- Für den Pfannkuchen-/Palatschinkenteig Milch und Mehl in einer Schüssel mit einem Schneebesen glatt rühren, die Eier dazugeben, mit Salz und Pfeffer würzen und beiseite stellen.
- Für die Fülle den Lauch mit etwas Kürbiskernöl kurz dünsten und auskühlen lassen.

Zubereitung

- Die restlichen Zutaten für die Fülle in einer Schüssel mit einem Handmixer gut vermischen und den ausgekühlten Lauch dazugeben.
- Aus dem Pfannkuchen-/-Palatschinkenteig in einer beschichteten Pfanne mit etwas Öl dünne Pfannkuchen/Palatschinken backen.
- Einen fertigen Pfannkuchen/Palatschinke auf einer kalten Arbeitsfläche auflegen, mit der Fülle bestreichen und einrollen. Mit allen anderen ebenso verfahren.
- Danach mit einem scharfen Messer in gewünschte Portionen schneiden und mit etwas dünn geschnittenem Lauch und Kürbiskernöl vollenden.

Zubereitungszeit 30 Minuten

Kürbisrisotto mit schwarzem Risottoreis

Zutaten (4 Portionen)
1 Speisekürbis, ca. 500 g
400 g schwarzer Risottoreis
5 EL Kürbiskernöl
1 Zwiebel
1/2 Knoblauchzehe
1,2 l Rindsbouillon
2 EL Butter
etwas Salz

Butter zum Dünsten

Vorbereitung
- Den Kürbis waschen, gut abtrocknen und einen Deckel abschneiden. Das Fruchtfleisch vorsichtig herausschneiden oder mit einem Parisienneausstecher (Kugelausstecher) herausstechen und die schönen Kugeln für die Garnitur beiseite legen.
- Das Fruchtfleisch von den Kernen befreien und in kleine Würfel schneiden.
- Den Knoblauch und die Zwiebel schälen und fein schneiden.

Zubereitung
- In einer größeren Kasserolle die Butter erhitzen. Zwiebel und Knoblauch darin kurz anschwitzen und den Risottoreis einrühren. Mit der Bouillon aufgießen und ca. 30 Minuten leicht köcheln lassen. Dabei immer wieder etwas Bouillon zugeben.
- Danach die Kürbisstücke zugeben, das Kürbiskernöl einrühren und so lange weiterkochen, bis der Reis kernig ist. Vorsicht! Schwarzer Risottoreis benötigt die dreifache Kochzeit gegenüber weißem Risottoreis. Zuletzt den Reis salzen.
- Den ausgehöhlten Kürbis mit kochend heißem Wasser füllen und kurz stehen lassen. Die Kürbisstücke für die Garnitur in etwas Butter leicht dünsten, danach das Wasser aus dem Kürbis gießen.
- Den Risotto in den Kürbis füllen und mit den Kürbiskugeln garnieren.

Zubereitungszeit 1 Stunde

Kürbis-Cordon-bleu

Vorbereitung

- Den Schinken in 6 gleich große Rechtecke schneiden und mit ebenso großen Scheiben vom Emmentaler Käse umwickeln.
- Den Kürbis schälen und in ca. 1/2 cm dicke Scheiben schneiden (12 Stück). Diese salzen und pfeffern. Die Schinken- und Käsescheiben jeweils zwischen zwei Kürbisscheiben legen.
- Mehl, Ei, Milch und etwas Salz zu einem Backteig vermengen.

Zubereitung

- Für die Selleriemayonnaise Eigelb/Dotter mit Senf, Salz, Pfeffer und Zitronensaft vermischen. Öl langsam mit dem Handmixer einrühren. Die Mayonnaise mit Saurer Sahne/Sauerrahm verfeinern und danach die Selleriewürfel unterziehen.
- Kürbis-Cordon-bleu mit Mehl bestauben, durch den Backteig ziehen und dann in Paniermehl/Semmelbröseln wenden. In heißem Öl herausbacken und danach auf Küchenpapier abtropfen lassen.
- Vor dem Servieren schräg durchschneiden und mit der Selleriemayonnaise anrichten.

Zubereitungszeit 45 Minuten

Zutaten (2–3 Portionen)

1 dickere Scheibe
Press-Schinken
2 Scheiben Emmentaler Käse
Salz und Pfeffer
500 g zarten Speisekürbis (z. B. Spargel- oder Butternutkürbis)
200 g Mehl
1 Ei
100 ml Milch

Selleriemayonnaise

2 Eigelb/Dotter
etwas Senf
Salz und Pfeffer
etwas Zitronensaft
1/4 l Öl
2 EL Saure Sahne/Sauerrahm
4 EL Knollensellerie, würfelig geschnitten und gekocht

Mehl und Paniermehl/Semmelbrösel zum Panieren
Öl zum Ausbacken

Grieben-/Grammelschmarren

mit Kürbiskernöl-Rührei/-Eierspeise

Zutaten (4 Portionen)
250 g Grieben/Grammeln
400 g Kartoffeln
1 EL Butterschmalz
1 Knoblauchzehe
1 kleine Zwiebel
Salz und Pfeffer aus der Mühle
8 Eier
4 EL Kürbiskernöl
1/2 Bund Schnittlauch

4 Förmchen

Vorbereitung

- Die Kartoffeln in der Schale kochen, ausdampfen lassen, schälen und in Scheiben schneiden.
- Knoblauch und Zwiebel schälen und fein schneiden. Den Schnittlauch waschen und in kleine Röllchen schneiden.
- In einer Pfanne das Butterschmalz erhitzen und die Grieben/Grammeln darin schwenken. Die Kartoffeln zugeben, gut durchrösten und mit Salz und Pfeffer würzen. Zwiebel und Knoblauch zu den Kartoffeln dazugeben und mitrösten.

Zubereitung

- Für jede Portion zwei Eier so aufschlagen, dass die Eigelb/Eidotter ganz bleiben.
- In einer Pfanne etwas Öl erhitzen und leicht salzen. Die Eier vorsichtig mit einem Löffel einlegen und kurz anbraten lassen. Die Eigelb/Dotter mit einem Kochlöffelstiel nach außen ziehen und danach die Pfanne von der Kochstelle nehmen.
- Den Grieben-/Grammelschmarren in geeignete Förmchen füllen und auf vorgewärmte Teller stürzen.
- Das Rührei/die Eierspeise daneben anrichten und mit je 1 EL Kürbiskernöl übergießen. Zuletzt mit Schnittlauchröllchen bestreuen.

Zubereitungszeit 45 Minuten

Kürbisgulasch
mit Tomaten und Paprika

Vorbereitung
- Die Zwiebel schälen und klein schneiden. Paprika waschen, Stiel und Kerne entfernen und in 1,5 cm große Stücke schneiden. Knoblauch schälen und fein schneiden.
- Tomaten kreuzweise einschneiden, kurz in kochendes Wasser legen, herausnehmen und im Eiswasser auskühlen lassen. Danach schälen, Stielansatz und Kerne entfernen und das Fleisch klein schneiden.

Zubereitung
- In einem Kochtopf das Olivenöl erhitzen, Zwiebel darin leicht anrösten, Tomatenfleisch und Paprikastücke dazugeben und vermischen.
- Klein geschnittene Salbeiblätter und Knoblauch hinzufügen. Mit Gemüsefond oder Suppe aufgießen und mit Paprikapulver, Kräutersalz und Pfeffer würzen und zum Kochen bringen.
- In der Zwischenzeit das Kürbisfleisch in gleich große Würfel schneiden. In den kochenden Ansatz die Kürbiswürfel hineingeben und 10 Minuten köcheln lassen (das Kürbisfleisch sollte nicht zerfallen), danach abschmecken und auf vorgewärmten Tellern anrichten.

Zubereitungszeit 1 Stunde

Tipp
Als Beilage eignen sich Kartoffeln, Teigwaren, Reis oder einfach Schwarzbrot.

Zutaten (4 Portionen)
500 g Kürbisfleisch
(Muskat oder Hokkaido)
1 große Zwiebel
1 roter Paprika
2 Knoblauchzehen
2 Tomaten
2 EL Olivenöl
4 Salbeiblätter
1 EL Paprikapulver
750 ml Gemüsefond oder Suppe
Kräutersalz und Pfeffer

1

2

Kürbisauflauf

Zutaten (4–6 Portionen)
1,5 kg Kürbisfleisch
etwas Weizenmehl
3 EL Butter
3 EL Öl
2 große Zwiebeln
1 TL Zucker
2 rohe Schweinebratwürste
5 Tomaten
Salz, Pfeffer, Thymian
etwas Kümmel, gemahlen
2 EL Paniermehl/Semmelbrösel
80 g Emmentaler Käse, gerieben

Butterflocken zum Belegen
Öl für die Form

Petersilie und Thymian
zum Garnieren

Vorbereitung

- Kürbisfleisch in dickere Scheiben schneiden und etwas salzen. Zwiebeln schälen und in Ringe schneiden. Tomaten kurz in kochendes Wasser tauchen, abschrecken, enthäuten und in Scheiben schneiden (Bild 1).
- Kürbisfleisch in Mehl wenden. 2 EL Öl und 2 EL Butter in einer Pfanne erhitzen und die Kürbisscheiben an beiden Seiten anbraten. Danach auf Küchenpapier abtropfen lassen.

Zubereitung

- Den Backofen auf 190 °C vorheizen. Die Zwiebelringe in 1 EL Butter und 1 EL Öl mit dem Zucker braun rösten. Die Schweinebratwurstfülle herausdrücken und beifügen. Zuletzt die Tomatenscheiben hinzufügen und bei guter Hitze dünsten lassen. Mit Salz, Pfeffer, Kümmel und Thymian würzen.
- Eine Backform mit Öl ausstreichen und eine Lage Kürbisscheiben in die Form geben. Mit dem Wurst-Zwiebel-Tomaten-Gemisch bedecken (Bild 2) und so fortfahren, bis alle Zutaten aufgebraucht sind. Zuoberst soll eine Lage Kürbisscheiben sein.
- Mit Paniermehl/Semmelbröseln und geriebenem Käse bestreuen und mit Butterflocken belegen.
- Im vorgeheizten Backofen ca. 40–50 Minuten backen und vor dem Servieren den Auflauf mit Petersilie und Thymian garnieren.

Zubereitungszeit 1 1/2 Stunden

Kürbisrisotto
aus Arborio-Reis

Zutaten (4 Portionen)
300 g Risottoreis (Arborio)
80 g Zwiebeln, fein geschnitten
120 g Butter
1/8 l Weißwein
1 l Gemüsefond
400 g Kürbisfleisch, in kleine Würfel geschnitten
Salz und Pfeffer

Kürbiskernöl zum Beträufeln

Vorbereitung
- Fein geschnittene Zwiebeln in 60 g Butter anschwitzen, Reis beigeben und bei milder Hitze glasig rösten.
- Mit Weißwein ablöschen, völlig reduzieren (einkochen). Den Gemüsefond nach und nach zugießen, so dass der Reis immer bedeckt ist. Unter Rühren ca. 10 Minuten garen.

Zubereitung
- Das Kürbisfleisch zugeben und bissfest garen. Der Reis soll in seiner Konsistenz cremig sein.
- Mit Salz und Pfeffer würzen, restliche Butter einrühren und abschmecken.

Zubereitungszeit 30 Minuten

■ Tipp
Man kann den Risotto auf Wunsch bei Tisch mit Kürbiskernöl vollenden.

Kürbisgemüse
mit Spiegeleiern

Zutaten (4 Portionen)
1 kg Speisekürbis
50 g Butter
40 g glattes* Mehl
1 große Zwiebel
3 Knoblauchzehen
1 Bund Schnittlauch
1/2 Bund Petersilie
1/2 l Rindsuppe
1/8 l Sahne/Obers
1/4 l Saure Sahne/Sauerrahm
Salz und Pfeffer

Schnittlauch zum Bestreuen
1 Spiegelei pro Person

* glatt = fein gemahlen

Vorbereitung
- Den Kürbis waschen, schälen und in feine Streifen schneiden. Die Zwiebel schälen und fein hacken.
- Den Knoblauch schälen und fein hacken. Den Schnittlauch waschen und in Röllchen schneiden. Die Petersilie waschen und fein hacken.

Zubereitung

- Die Butter in einem passenden Topf schmelzen lassen, das Mehl und die Zwiebel einrühren, anschwitzen lassen und mit Rindsuppe aufgießen.
- Saure Sahne/Sauerrahm mit Sahne/Obers versprudeln, einrühren und alles zu einer glatten Sauce verkochen lassen. Danach die Kürbisstreifen zugeben und bei geringer Hitze 15 Minuten köcheln lassen.
- Zuletzt mit Salz, Pfeffer, Schnittlauch, Petersilie und Knoblauch würzen.
- Das Kürbisgemüse anrichten, mit etwas Schnittlauch bestreuen und mit den Spiegeleiern servieren.

Zubereitungszeit 30 Minuten

Kernölspätzle
auf Tomatensauce

Zutaten (4 Portionen)

2 Eier
1/4 l Milch
Salz
2 EL Steirisches Kürbiskernöl g.g.A.*
250 g Dinkelmehl

Tomatensauce

5 große Tomaten
Salz
frische Gewürze nach Geschmack (z. B. Basilikum, Oregano ...)

Butter zum Schwenken

* g.g.A. = geschützte geografische Angabe

Vorbereitung

- Eier mit Milch verquirlen, salzen und Steirisches Kürbiskernöl g.g.A.* beifügen.
- Mit dem Dinkelmehl zu einem mittelfesten Teig verrühren.
- Die Tomaten kreuzförmig anschneiden.

Zubereitung

- Spätzlemasse durch ein Spätzlesieb in kochendes Salzwasser streichen. Kurz aufkochen lassen, abseihen, kalt abbrausen und in Butter schwenken.
- Für die Tomatensauce die Tomaten in heißem Wasser blanchieren (in kochendem Wasser kurz ziehen lassen), danach die Haut abziehen und die Tomaten pürieren.
- Die Tomatensauce nochmals erhitzen und mit Salz und frischen Gewürzen Ihrer Wahl abschmecken.

Zubereitungszeit 30 Minuten

1

2

Überbackene Kürbisschnecken

Zutaten (4 Portionen)

Nudelteig
200 g glattes* Weizenmehl
50 g Weizengrieß
2 EL Olivenöl
etwas Salz
7 Eigelb/Dotter
2 EL warmes Wasser
Butter für die Form

Kürbisgemüse
400 g Kürbisfleisch
2 EL Öl
2 EL Schalottenwürfel
1 EL Knoblauch, gehackt
1 EL Honig
2 EL Balsamico-Essig
etwas Salz und Pfeffer
Kümmel, gemahlen
1/8 l Sahne/Obers
1 EL Petersilie, gehackt

Überguss
1/16 l Sahne/Obers
1/16 l Rindsuppe
etwas Salz
etwas Chilipulver
80 g Emmentaler Käse, gerieben

Petersilie zum Bestreuen
Frischhaltefolie

* glatt = fein gemahlen

Vorbereitung

- Alle Teigzutaten zu einem glatten Teig verarbeiten, in Frischhaltefolie wickeln und ca. 1 Stunde kalt stellen.
- Kürbis schälen, entkernen und grob raspeln. Das Öl in einer Pfanne erhitzen und die Schalottenwürfel und den Knoblauch darin ohne Farbe anbraten. Das Kürbisfleisch zugeben und mitdünsten lassen. Den Honig zufügen und das Kürbisgemüse damit glacieren (überziehen).
- Mit Essig ablöschen und mit Salz, Pfeffer und Kümmel würzen. Sahne/Obers beigeben und so lange einkochen lassen, bis eine cremige Masse entsteht.
- Zuletzt die Petersilie unterheben und danach das Gemüse von der Kochstelle nehmen (Bild 1).

Zubereitung

- Den Backofen auf 180 °C vorheizen. Den Nudelteig auf einer bemehlten Arbeitsfläche zu einer Platte ausrollen, gänzlich mit der Kürbismasse bestreichen und von der Breitseite her einrollen. Von der so entstandenen Rolle ca. 6 cm lange Stücke abschneiden und aufrecht in eine gebutterte, feuerfeste Form stellen (Bild 2).
- Sahne/Obers mit Rindsuppe aufkochen, mit Salz und Chilipulver würzen und über die Schnecken gießen. Mit geriebenem Emmentaler Käse bestreuen und im vorgeheizten Backofen ca. 30 Minuten backen. Vor dem Servieren mit Petersilie bestreuen.

Zubereitungszeit 1 3/4 Stunden

Kürbisscheiben

mit Hackfleisch von der Pute/faschiertem Putenfleisch

Zutaten (2 Portionen)
300 g Kürbisfleisch
200 g Hackfleisch von der Pute/Putenfleisch, faschiert
1 Ei
Salz und Pfeffer
1/2 Jungzwiebel
1 TL Petersilie, gehackt

Kräutersauce
1/16 l Sahne/Obers
1 EL Crème fraîche
1 EL Schnittlauch, fein geschnitten
1 TL Petersilie, gehackt
1 TL Basilikum, fein gehackt
Salz und Pfeffer aus der Mühle

Mehl, Ei und Paniermehl/Semmelbrösel zum Panieren
Öl zum Ausbacken

Vorbereitung

- Das Kürbisfleisch in Scheiben schneiden. Die Jungzwiebel waschen und fein schneiden.
- Das Hackfleisch von der Pute/Faschierte mit der Jungzwiebel, der Petersilie und dem Ei vermischen und mit Salz und Pfeffer würzen. Mit dieser Mischung die Kürbisscheiben bestreichen und übereinanderlegen.
- Danach die Päckchen mit Mehl, Ei und Paniermehl/Semmelbröseln panieren und in reichlich Öl (140 °C) langsam ausbacken.

Zubereitung

- Für die Kräutersauce die Sahne/das Obers erhitzen, die Crème fraîche einrühren, die gehackten Kräuter zugeben und mit einem Schneebesen gut vermischen. Mit Salz und Pfeffer würzen und beiseite stellen.
- Die panierten Kürbispäckchen aus dem Öl heben, auf Küchenpapier gut abtropfen lassen, einmal durchschneiden und auf vorgewärmten Tellern mit der Kräutersauce servieren.

Zubereitungszeit 30 Minuten

Kürbis-Schinken-Torte

mit Kürbiskernen bestreut

Vorbereitung

- Das Mehl sieben und salzen. Die Butter in Flocken zugeben und Mehl und die Butter zwischen den Händen krümelig reiben.
- Wasser unter Rühren tropfenweise zugießen und alles zu einem geschmeidigen Teig verarbeiten.
- Den Teig in Alufolie wickeln und etwa 30 Minuten kalt stellen. Den Backofen auf 200 °C vorheizen.

Zubereitung

- Für den Belag das Kürbisfleisch in Würfel schneiden und mit Wein weich dünsten. Anschließend gut abtropfen lassen und im Mixer pürieren.
- Anschließend Eier, Crème fraîche, Petersilie, Cayennepfeffer und Kräutersalz unterrühren. Den gekochten Schinken in Würfel schneiden und unter die Kürbismasse ziehen.
- Den Teig dünn ausrollen und damit den Boden und den Rand einer Tortenspringform auskleiden. Die Kürbismischung einfüllen, glatt streichen und mit Kürbiskernen bestreuen. Im Backofen ca. 50 Minuten backen.

Zubereitungszeit 1 3/4 Stunden

Zutaten (6 Portionen)

250 g glattes* Weizenmehl
1 TL Salz
125 g kalte Butter
5 EL kaltes Wasser

Fülle

750 g Kürbisfleisch
1/4 l trockener Weißwein
2 Eier
150 g Crème fraîche
2 EL Petersilie, gehackt
etwas Cayennepfeffer
etwas Kräutersalz
300 g Schinken, gekocht
3 EL Kürbiskerne

Alufolie
Tortenspringform

* glatt = fein gemahlen

Venusmuschelrisotto mit Kürbiswürfeln

Zutaten (2 Portionen)
150 g Kürbisfleisch
500 g Venusmuscheln
2 EL Olivenöl
2 cl Noilly Prat (französischer Wermut)
1/8 l Weißwein
1/2 l Fischfond
Salz und Pfeffer aus der Mühle
100 g Risottoreis

Kürbisstreifen zum Garnieren

Vorbereitung
- Das Kürbisfleisch in kleine Würfel schneiden. Die Muscheln einzeln abbürsten oder mit einem Messer abschaben – offene Muscheln nicht verwenden.
- In einem Topf 1 EL Olivenöl erhitzen, die Muscheln zugeben, kurz durchrühren, mit Noilly Prat und mit 1/16 l Weißwein ablöschen. Mit dem Fischfond aufgießen, mit Salz und Pfeffer würzen und 3–4 Minuten köcheln lassen.
- Danach den Muschelsud abgießen und bereithalten, die Muscheln warm stellen.

Zubereitung
- Für den Risotto 1 EL Olivenöl erhitzen, den Risottoreis zugeben und mit 1/16 l Weißwein ablöschen. Danach mit dem bereitgehaltenen Muschelsud aufgießen und unter ständigem Rühren den Reis kernig kochen.
- 5 Minuten vor Garwerden die Kürbiswürfel zugeben und zuletzt die halbe Menge der Muscheln untermischen.
- Die restlichen Muscheln auf vorgewärmte Teller legen und den Kürbisrisotto dazu anrichten. Zuletzt das Gericht mit Kürbisstreifen bestreuen.

Zubereitungszeit 30 Minuten

Butterfisch auf Kürbisgröstl*

Vorbereitung
- Die Butterfischfilets mit Meersalz, Pfeffer und Zitronensaft würzen.
- Die Kartoffeln schälen, in dünne Blättchen schneiden und in kaltes Wasser legen.
- Das Kürbisfleisch in dünne Scheiben schneiden. Die Zwiebel schälen und in feine Ringe schneiden. Den Backofen auf 180 °C vorheizen.

Zubereitung
- Etwas Olivenöl erhitzen und die Butterfischfilets beidseitig kurz anbraten, danach im Backofen 5–6 Minuten fertig braten.
- Die Kartoffelscheiben gut ausdrücken, trocken tupfen, in heißes Olivenöl einlegen und beidseitig kurz anbraten. Danach die Zwiebelringe zugeben.
- In einer anderen Pfanne die Butter erhitzen und das Kürbisfleisch beidseitig kurz anbraten. Danach sofort flach auf vorgewärmte Teller auflegen. Die Kartoffeln und Zwiebelringe darüber schichten und mit Meersalz und Pfeffer leicht würzen.
- Für die Rotweinbutter Schalotten fein schneiden und mit Wein und Portwein stark einkochen. Mit kalter Butter montieren (aufschlagen) und mit Salz und Pfeffer würzen.
- Die Fischfilets auf die Kartoffelscheiben legen und das Gericht nach Belieben mit Rotweinbutter angießen und mit Thymianzweigen garnieren.

Zubereitungszeit 40 Minuten

Zutaten (2 Portionen)
2 Butterfischfilets à 150 g
etwas Meersalz
Pfeffer, frisch gemahlen
Saft von 1/2 Zitrone
2 Kartoffeln
200 g Kürbisfleisch
(Muskatkürbis oder Hokkaido)
1 TL Butter
1 Zwiebel

Rotweinbutter
1 Schalotte
100 ml Rotwein
2 cl Portwein
50 g kalte Butter
Salz und Pfeffer

Olivenöl zum Braten
einige Thymianzweige zum Garnieren

* Gröstl = eine Art Geschnetzeltes

Gefülltes Rinderfilet mit Kürbis-Rahm-Gemüse

Zutaten (6 Portionen)
4 Schalotten
1 Knoblauchknolle
100 g Staudensellerie
100 g Zucchini
100 g Fenchel
100 g Lauch
5 EL Olivenöl
1 EL Senf
1/8 l Weißwein
1 kg Rinderfilet
1/2 Bund Petersilie, gehackt
3 Zweige Thymian
Salz und Pfeffer
2 Zweige Rosmarin

Kürbis-Rahm-Gemüse
60 g Schalotten
800 g Kürbisfleisch, entkernt
50 g Butter
Salz und Pfeffer
2 EL weißer Balsamico-Essig
1/4 l Geflügelfond
1/4 l Sahne/Obers
1 EL Petersilie, gehackt
etwas Chilipulver
1-2 TL Speisestärke
4 EL Wasser
12 Scheiben Speck, gebraten

Küchengarn
Alufolie

Vorbereitung

- 3 Schalotten und 3 Knoblauchzehen schälen und in kleine Würfel schneiden. Zucchini, Fenchel, Lauch und Sellerie waschen und in kleine Würfel schneiden.
- 2 EL Olivenöl erhitzen, Knoblauch, Schalotten und Gemüse darin andünsten, Senf zugeben, mit Weißwein auffüllen und bei mittlerer Hitze so lange einkochen, bis die Flüssigkeit verdampft ist. 1 Zweig Thymian hacken und mit der Petersilie zum Gemüse geben.
- Das Rinderfilet zu einer Platte aufschneiden, flach klopfen, salzen und pfeffern. Die Gemüsefülle gleichmäßig auf das Fleisch streichen (Bild 1). Das Filet wieder einrollen und mit Küchengarn zusammenbinden. Die restliche Schalotte und die Knoblauchzehen schälen und längs vierteln.

Zubereitung

- Den Backofen auf 120 °C (Niedrigtemperatur) vorheizen. Das Filet im restlichen Öl stark anbraten und salzen und pfeffern.
- Ein Backblech mit Alufolie auslegen. Das Filet mit den restlichen Thymianzweigen und den Rosmarinzweigen daraufsetzen, die Schalotten und den Knoblauch dazulegen (Bild 2) und im Backofen 1 Stunde garen.
- 60 g Schalotten schälen und in kleine Würfel schneiden. Das Kürbisfleisch auf der Küchenreibe grob raspeln. Schalotten in Butter andünsten, Kürbisfleisch zugeben und mitdünsten. Mit Balsamico-Essig ablöschen, mit Sahne/Obers und Gemüsefond aufgießen, mit Salz und Pfeffer würzen und zugedeckt 15 Minuten kochen lassen.
- Speisestärke mit 4 EL kaltem Wasser verrühren und damit das Gemüse binden. Etwas gehackte Petersilie zugeben, mit Chilipulver würzen und warm stellen. Die Speckscheiben in wenig Öl knusprig anbraten.
- Das Rinderfilet vom Küchengarn befreien und in 12 gleiche Scheiben schneiden. Je 1 Speckscheibe auf die Rinderfiletscheiben legen und mit dem Kürbis-Rahm-Gemüse anrichten.
  Das Gericht mit Petersilie bestreuen und mit Kräuterkartoffeln servieren.

Zubereitungszeit 1 Stunde 40 Minuten

1

2

Wels/Waller

mit Kürbisschuppen auf Spinatsauce

Zutaten (4 Portionen)
4 Wels-/Wallerfilets à 150 g
150 g Muskat- oder Hokkaidokürbis
Salz und Pfeffer

Farce (Fülle)
200 g Wels-/Wallerfleisch
1 Eiweiß/Eiklar
1/16 l Sahne/Obers
2 cl Noilly Prat (französischer Wermut)
Salz und Cayennepfeffer

Sauce
50 g Blattspinat
1 Schalotte
2 EL Butter
1/8 l Gemüsebouillon
1/8 l Sahne/Obers
Salz und Pfeffer
etwas Muskatnuss

Olivenöl zum Braten

Vorbereitung

- Alle Fischfilets mit einem scharfen Messer in die gleiche Form schneiden. Für die Farce die Abschnitte (Reste) und das Wels-/Wallerfleisch gut kühlen.
- Den Kürbis schälen und in dünne Scheiben schneiden. Mit einem runden Ausstecher aus den Kürbisscheiben kleine Plättchen ausstechen (Bild 1). Den Backofen auf 200 °C vorheizen.
- Für die Spinatsauce die Schalotte klein schneiden und den Blattspinat putzen, blanchieren (kurz in kochendem Wasser ziehen lassen) und kalt abschrecken.

Zubereitung

- Für die Farce das Wels-/Wallerfleisch in kleine Würfel schneiden. Die Abschnitte zugeben und in einer Küchenmaschine mit den übrigen Zutaten zu einer Farce mixen.
- Die Wels-/Wallerfilets mit Salz und Pfeffer würzen. Die Farce gleichmäßig auf die Fischfilets streichen und die Kürbisplättchen wie Schuppen darauflegen (Bild 2).
- In einer Bratpfanne Olivenöl erhitzen, die Wels-/Wallerfilets einlegen und im Backofen bei Oberhitze ca. 10–12 Minuten braten. Danach herausnehmen und warm stellen.
- Für die Sauce die Butter in einer Kasserolle erhitzen, die Schalotte darin anschwitzen, den Spinat zugeben, mit Gemüsebouillon aufgießen und kurz einkochen lassen. Die Sahne/das Obers zugeben und mit Salz, Pfeffer und Muskatnuss würzen. Anschließend mit einem Stabmixer zu einer feinen Sauce aufmixen, falls erforderlich, noch würzen.
- Die Sauce auf vorgewärmte Teller gießen und die Wels-/Wallerfilets darauflegen.

Zubereitungszeit 40 Minuten

Kohlrabisoufflé

mit Kürbissauce

Zutaten (4 Portionen)
4 Kohlrabi
Salz und Pfeffer
2 Eier

Sauce
400 ml Geflügel- oder Gemüsefond
250 g Muskatkürbis
1 Jungzwiebel
Salz und Pfeffer
50 g Butter
2 EL Kürbiskernöl

Vorbereitung

- Die Kohlrabi waschen. Die Böden (den holzigen Teil) und die oberen Teile der Kohlrabi abschneiden und beiseite legen.
- Die Kohlrabi schälen, mit einem Parisienneausstecher (Kugelausstecher) vorsichtig aushöhlen – die Kohlrabi sollen nicht verletzt werden. Das ausgehöhlte Fleisch fein schneiden und beiseite stellen.
- Für die Sauce den Muskatkürbis schälen, putzen und das Fleisch in kleine Würfel schneiden. Die Jungzwiebel putzen und ebenfalls klein schneiden (Bild 1).

Zubereitung

- Den Backofen auf 210 °C vorheizen. Die Eier trennen, aus dem Eiweiß/Eiklar einen festen Schnee schlagen. Das Kohlrabifleisch und die Eigelb/Dotter zugeben, mit Salz und Pfeffer würzen und gut vermischen. Mit dieser Masse die Kohlrabi füllen.
- In einer Bratpfanne Wasser zum Kochen bringen, die Böden und Deckel der Kohlrabi einlegen und die gefüllten Kohlrabi daraufsetzen, damit sie nicht direkt im Wasser schwimmen (Bild 2).
- Danach im Backofen auf der untersten Schiene 15 Minuten pochieren (im heißen, nicht kochenden Wasser garen).
- Die Butter in einer Kasserolle zergehen lassen, die Kürbisstücke und die Jungzwiebel kurz darin glacieren (überziehen), mit dem Fond aufgießen, mit Salz, Pfeffer und der halben Menge des Kürbiskernöls würzen und weich kochen. Danach in einer Küchenmaschine pürieren, nochmals würzen und in vorgewärmte, tiefe Teller gießen.
- Die Kohlrabi aus dem Backofen nehmen, in die Mitte der Teller setzen und mit dem restlichen Kürbiskernöl verzieren.

Zubereitungszeit 1 Stunde

1

2

Entenbrüstchen

mit Lavendelsauce und Kürbisblinis*

Zutaten (2 Portionen)
2 Entenbrüstchen
1 EL Honig
je 1 Zweig Rosmarin, Lavendel und Thymian
1/2 Knoblauchzehe, fein geschnitten
Salz und Pfeffer aus der Mühle

Kürbisblinis*
100 g Kartoffeln
100 g Kürbis
1 Ei
30 g Mehl
2 g Backpulver

Sauce
1/8 l Geflügelsuppe
etwas Lavendelblätter
2 cl Madeira (Likörwein von der Insel Madeira)
4 cl Rotwein
1/2 TL Stärkemehl
1 MS Piment, gemahlen

Öl zum Anbraten

Vorbereitung

- Den Backofen auf 180 °C vorheizen. Die Haut der Entenbrüstchen einschneiden und mit Honig bestreichen.
- In einer Pfanne etwas Öl erhitzen, die Entenbrüstchen mit der Hautseite nach unten einlegen, anbraten und danach wenden. Mit Salz und Pfeffer würzen, Rosmarin, Lavendel, Thymian und Knoblauch daraufgeben (Bild 1) und im Backofen 8–10 Minuten fertig braten.
- Für die Blinis die Kartoffeln schälen. Das Kürbisfleisch und die Kartoffeln in kleine Würfel schneiden, jeweils bissfest kochen und danach kalt abschrecken.

Zubereitung

- Die Kartoffel- und Kürbiswürfel in einer Schüssel mit Ei, Mehl, Backpulver, Salz und Pfeffer vermischen.
- In einer beschichteten Pfanne etwas Öl erhitzen, mit einem Löffel Portionen einlegen (Bild 2), anbacken, wenden und im Backofen fertig backen.
- Die Entenbrüstchen vorher aus dem Backofen nehmen und warm stellen.
- Den Bratrückstand mit Geflügelsuppe aufgießen. Danach Lavendelblätter, Madeira und Rotwein zugeben, mit Piment würzen, kurz reduzieren (einkochen) lassen und mit Stärkemehl binden. Anschließend den Saft durch ein Sieb gießen.
- Die Blinis aus dem Backofen nehmen. Die Entenbrüstchen aufschneiden und mit den Blinis und der Sauce auf vorgewärmten Tellern anrichten.

Zubereitungszeit 1 Stunde

* Blini = russische Teigspeise, Art Pfannkuchen/Palatschinke, wird oft warm mit verschiedenen Füllungen oder Aufstrichen gegessen

Geröstete Kalbsleber im Kürbis

Zutaten (2 Portionen)
1 kleiner Speisekürbis
400 g Kalbsleber
1/2 Zwiebel
etwas Zitronenschale, Majoran und Thymian
Salz und Pfeffer aus der Mühle
1/16 l Rindsuppe
1 EL Butter

Öl zum Rösten
Majoranblättchen zum Garnieren

Vorbereitung

- Den Kürbis waschen, der Länge nach halbieren und die Kerne herausschaben. Danach das Kürbisfleisch mit einem Löffel herauslösen und in dünne Spalten schneiden. Die Kürbishälften warm stellen.
- Die Kalbsleber zuputzen und dünnblättrig schneiden. Die Zwiebel schälen und in dünne Scheiben schneiden.

Zubereitung

- In einer Pfanne etwas Öl erhitzen und die Leber rasch darin anrösten. Die Zwiebel zugeben und mitrösten.
- Danach die Kürbisstücke zugeben, mit Zitronenschale, Majoran, Thymian, Salz und Pfeffer würzen und mit der Rindsuppe ablöschen. Kurz reduzieren (einkochen) lassen und mit der Butter verfeinern.
- Nochmals würzen und zum Servieren in die vorbereiteten Kürbishälften füllen. Nach Belieben mit Kürbisstreifen und Majoranblättchen garnieren.

Zubereitungszeit 45 Minuten

Hüftsteak mit karamellisiertem Kürbis

Vorbereitung
- Die Kartoffeln waschen, in Alufolie wickeln und im Backofen bei 200 °C ca. 45 Minuten garen.
- Den Kürbis schälen, das Kerngehäuse entfernen und das Fruchtfleisch in große Würfel schneiden. Die Zwiebel schälen und in kleine Würfel schneiden.
- Zwiebelwürfel und Kürbisfleischwürfel in Butterschmalz scharf anbraten. Zucker darüberstreuen und karamellisieren (erhitzen, bis der Zucker flüssig wird) lassen.

Zubereitung
- Sojasauce, Weißweinessig und so viel Wasser zugießen, dass bei Garende die Flüssigkeit sirupartig eingekocht ist.
- Das Öl in einer Pfanne erhitzen. Die Steaks mit Salz und Pfeffer würzen und an beiden Seiten bis zum gewünschten Garpunkt braten.
- Die Kartoffeln aufschneiden und die Saure Sahne/den Sauerrahm darüber verteilen. Die Minze waschen, trocken tupfen und in feine Streifen schneiden.
- Das Kürbisgemüse mit der Minze bestreuen und zuletzt die Steaks mit dem Kürbisgemüse und den Kartoffeln anrichten.

Zubereitungszeit 1 Stunde

Zutaten (4 Portionen)
4 Steaks von der Rinderhüfte à ca. 180 g
8 mittelgroße, mehlige Kartoffeln
1 Zweig Minze
2 EL Öl
100 g Saure Sahne/Sauerrahm
800 g Kürbis
1 Zwiebel
Salz und Pfeffer
3 EL Zucker
4 EL Sojasauce
2 EL Weißweinessig

Butterschmalz zum Anbraten
Alufolie

1

2

Rindfleischroulade

mit Kürbisgemüse

Zutaten (4 Portionen)
4 Rindsschnitzel à 120 g

Farce (Fülle)
250 g Rindfleisch
1 Eiweiß/Eiklar
3 Eiswürfel
1/16 l Sahne/Obers
1 EL Senf
Salz und Pfeffer

Gemüse
250 g Muskatkürbisfleisch
250 g Speisekürbisfleisch
100 g Schinkenspeck
2 Jungzwiebeln
Salz und Pfeffer

Öl zum Braten

Vorbereitung
- Für die Farce (Fülle) das Rindfleisch klein schneiden und in einer Küchenmaschine mit Eiweiß/Eiklar, Eiswürfeln und Sahne/Obers fein aufmixen. Danach mit Salz, Pfeffer und Senf würzen und kalt stellen.
- Die Schnitzel dünn klopfen und halbieren.
- Von jeder Kürbissorte die halbe Menge in gleich große Stifte schneiden. Das restliche Kürbisfleisch, die Jungzwiebeln und den Speck in kleine Würfel schneiden.

Zubereitung
- Den Backofen auf 180 °C vorheizen. Die Rindsschnitzel gleichmäßig mit der Farce bestreichen (Bild 1). Die Kürbisstifte auf das obere Ende der Schnitzel legen und anschließend das Fleisch zu einer Roulade einrollen (Bild 2).
- In einer Pfanne das Öl erhitzen, die Rouladen zuerst mit dem Schluss nach unten einlegen und scharf anbraten. Danach auf allen Seiten kurz anbraten und anschließend (mit dem Schluss nach unten) 10 Minuten in den Backofen stellen.
- Danach die Kürbis-, Jungzwiebel- und Speckwürfel zugeben, kurz durchschwenken und weitere 5 Minuten im Backofen stehen lassen. Anschließend die Rouladen herausnehmen und warm stellen.
- Das Kürbisgemüse nochmals durchschwenken, mit Salz und Pfeffer würzen und auf vorgewärmten Tellern anrichten. Eine schräg halbierte Roulade und eine in Scheiben geschnittene Roulade auf das Kürbisgemüse setzen.

Zubereitungszeit 1 Stunde

Kürbiskern-Schupfnudeln

mit glasierten Maroni* und Honig

Zutaten (4 Portionen)

Schupfnudeln
600 g mehlige Kartoffeln
200 g griffiges** Mehl
30 g Grieß
2 Eigelb/Eidotter
Salz

Maroni*
12 Maroni, geschält und gegart
1 EL Butter
1 EL Honig

1 Handvoll Kürbiskerne oder Nüsse, gemahlen
Butter zum Aufschäumen
etwas Honig zum Süßen

* Maroni = Kastanie
** griffig = grobkörnig gemahlen

Vorbereitung

- Kartoffeln weich kochen, schälen und warm durch die Kartoffelpresse drücken.
- Die Kartoffeln mit den übrigen Zutaten für die Schupfnudeln rasch verkneten und zu einer Rolle formen.

Zubereitung

- Die Rolle in kleine Stücke schneiden und zu Schupfnudeln rollen. Diese danach in leicht wallendem Salzwasser 10–15 Minuten ziehen lassen.
- Für die glasierten Maroni Butter mit Honig in einer Pfanne erhitzen, die Maroni darin schwenken, bis sie heiß sind, und anschließend warm halten.
- Die fertigen Schupfnudeln aus dem Wasser heben und abtropfen lassen.
- 2–3 EL Butter in einer Pfanne aufschäumen lassen, die Schupfnudeln darin schwenken und gemahlene Kürbiskerne dazugeben.
- Alles durchschwenken, mit etwas Honig süßen und, mit den glasierten Maroni garniert, sofort servieren.

Zubereitungszeit 1 Stunde

Kürbiskernparfait

mit Schokoladesauce

Vorbereitung

- Die Eier mit dem Zucker in einem kleinen Schneekessel über Dampf (mit dem Handmixer) dickschaumig schlagen und im kalten Wasserbad weiterschlagen, bis die Masse kalt geworden ist.
- Die Kürbiskerne in einer beschichteten Pfanne ohne Fett braun rösten, dann herausnehmen, auskühlen lassen und grob hacken.
- Die Schokolade fein reiben.

Zubereitung

- Zwei schmale Kastenformen kalt ausspülen, mit einer Frischhaltefolie auslegen und zum Vorkühlen in das Tiefkühlfach stellen.
- Sahne/Obers steif aufschlagen und vorsichtig unter die Eier-Zucker-Masse heben. Kürbiskerne und geriebene Schokolade untermischen und die Masse in die vorbereitete Form füllen, verschließen und mindestens 3 Stunden im Gefrierfach belassen.
- Danach die Form auf ein Brett stürzen, die Folie entfernen und das Parfait in Scheiben schneiden.
- Für die Sauce Schokolade und Butter langsam schmelzen lassen, glatt rühren und zum Parfait servieren.

Zubereitungszeit 40 Minuten, Wartezeit 3 Stunden

Zutaten (4–6 Portionen)

3 Eier
100 g Feinkristallzucker
1/2 l Sahne/Obers
80 g Kürbiskerne
50 g Haushalts-/Kochschokolade

Schokoladesauce

150 g Haushalts-/Kochschokolade
100 g Butter

Frischhaltefolie

Eingelegte
Muskatkürbisstücke

Zutaten (4 Portionen)
800 g Muskatkürbis
1 Stück Ingwerwurzel
200 ml Essig
200 ml Wasser
300 g Kristallzucker
etwas Salz
2 Nelken
4 weiße Pfefferkörner

Vorbereitung
- Den Kürbis schälen, die Kerne entfernen und 400 g vom Fruchtfleisch abwiegen. In gleich große Stücke schneiden und in ein ausreichend großes Einmach-/Rexglas füllen.
- Die Ingwerwurzel schälen und in Würfel schneiden.

Zubereitung
- Wasser, Essig, Zucker, Salz, Ingwerwurzel, Nelken und Pfefferkörner miteinander in einen Topf geben und 5 Minuten kochen.
- Den heißen Sud so über die Kürbiswürfel gießen, dass sie vollständig bedeckt sind. Das Glas verschließen und 1 Woche im Kühlschrank stehen lassen.

Zubereitungszeit 30 Minuten

Gebackener
Kernöl-Möhren

Zutaten (1 Tortenform, 24 cm Durchmesser)
6 Eier
150 g Kristallzucker
1 EL Rum
1 Pck. Vanillezucker
80 g Mehl
1/2 Pck. Backpulver
200 g Kürbiskerne
200 g Möhren/Karotten
2 EL Kürbiskernöl

Butter und Mehl für die Tortenform
Puder-/Staubzucker zum Bestreuen

* Möhren = Karotten

Vorbereitung
- Kürbiskerne in einer Pfanne ohne Fett anrösten. Anschließend reiben.
- Die Möhren/Karotten schälen und besonders fein raspeln.
- Eine Tortenform befetten und mit Mehl stauben.

...uchen

- Die Eier trennen, Eiklar/Eiweiß zu steifem Schnee schlagen. Eigelb/Eidotter, Kristallzucker, Rum und Vanillezucker schaumig rühren.

Zubereitung

- Das Mehl mit Backpulver vermischen und vorsichtig unter die Eigelb-/Dottermasse heben, Kürbiskerne, Möhren/Karotten sowie das Kürbiskernöl unter die Masse mischen. Zum Schluss den Schnee vorsichtig unterheben.
- Die Masse in die bebutterte und bemehlte Tortenform einfüllen und im vorgeheizten Backofen bei 170 °C ca. 55 Minuten backen. Den ausgekühlten Kuchen mit Puder-/Staubzucker bestreuen und in Stücke teilen.

Zubereitungszeit 1 1/4 Stunden

Gebrannte Kürbiscreme

Zutaten (4 Portionen)

200 g Kürbisfleisch
(Muskat- oder Hokkaidokürbis)
100 ml Milch
2 Eigelb/Dotter
50 g Kristallzucker
1/2 TL Vanillezucker
100 ml Sahne/Obers

Kürbisstreifen und 4 Melisseblätter für die Garnitur
Braunzucker zum Bestreuen

Vorbereitung

- Das Kürbisfleisch in kleine Würfel schneiden, in der Milch weich kochen und mit Zucker und Vanillezucker süßen.
- Die halbe Menge des Kürbisfleisches aus der Milch nehmen und bereithalten. Das verbliebene Kürbisfleisch mit der Mich aufmixen.

Zubereitung

- Die Sahne/das Obers aufkochen lassen und die Eigelb/Dotter einrühren (nicht mehr kochen lassen). Das Sahne-Eigelb-Gemisch unter die Kürbismasse ziehen und zuletzt die Kürbisstücke unterheben.
- Die Masse in beliebige Gläser füllen und danach kalt stellen. Zuletzt mit Braunzucker bestreuen, nach Belieben abflämmen (z. B. mit einer Lötlampe. Vorsicht! Verbrennungsgefahr) oder gratinieren (überbacken) und mit Kürbisstreifen und Melisse garnieren.

Zubereitungszeit 30 Minuten

Brandteigkrapfen mit Kürbiskernen

Zutaten (4 Portionen)
1/8 l Milch
60 g Butter
Salz
5 g Zucker
110 g Mehl
2 Eier

Fülle
100 g Kristallzucker
100 g Steirische Kürbiskerne
200 g Schlagsahne/-obers
Zimt

Sauce
100 g Blütencremehonig
60 g Saure Sahne/Sauerrahm
Steirisches Kürbiskernöl g.g.A.*

*g.g.A. = geschützte geografische Angabe

Rezept von Herrn Helmut Österreicher

Vorbereitung

- Milch, Butter, Salz und Zucker in einer Kasserolle aufkochen lassen und das Mehl unter ständigem Rühren einkochen, bis sich der Teig vom Topfrand löst. Einige Minuten auskühlen lassen.
- Nun die verquirlten Eier nach und nach unter den Teig rühren. Der Teig ist fertig, wenn er geschmeidig ist.

Zubereitung

- Den Brandteig mit einem Spritzbeutel auf ein Backblech spritzen und bei ca. 190 °C 25 Minuten im Backofen backen.
- Für die Fülle Kristallzucker mit Kürbiskernen karamellisieren (erhitzen, bis der Zucker schmilzt) und auf einem Blech auskühlen lassen. Die Kürbiskerne fein hacken und mit geschlagener Sahne/Obers und Zimt mischen. Die abgekühlten Brandteigkrapfen damit füllen.
- Für die Sauce Cremehonig mit Saurer Sahne/Sauerrahm und Steirischem Kürbiskernöl g.g.A.* kräftig verrühren und auf Teller gießen.
- Die gefüllten Brandteigkrapfen auf der Sauce anrichten und servieren.

Zubereitungszeit 1 Stunde 10 Minuten

Kürbiskernschmarren* mit Honig

Vorbereitung
- Die Kürbiskerne grob reiben und in einer beschichteten Pfanne ohne Fett leicht anrösten. Die Eier in Eigelb/Dotter und Eiweiß/Klar trennen.
- Das Mehl und die Milch in einer Schüssel glatt rühren. Danach den Honig zugeben und so lange rühren, bis sich der Honig aufgelöst hat. Danach die Eigelb/Dotter zugeben.
- Die Eiweiß/Eiklar mit Salz und Vanillezucker zu steifem Schnee schlagen und den Schnee zur Eigelb-/Dottermasse geben und untermischen.
- Den Backofen auf 160 °C vorheizen.

Zubereitung
- In einer Bratpfanne die Butter erhitzen, den Teig eingießen und mit den Kürbiskernen bestreuen. Etwas anbacken, danach wenden und im Backofen 5–6 Minuten aufgehen lassen.
- Anschließend herausnehmen, den Teig mit zwei Holzlöffeln zerteilen, kurz durchschwenken und danach auf vorgewärmten Tellern anrichten.

Zubereitungszeit 30 Minuten

■ Tipp
Dazu passt Apfel- oder Preiselbeerkompott.

Zutaten (2 Portionen)
60 g Kürbiskerne
4 Eier
80 g glattes** Mehl
1/4 l Milch
3 EL Honig
1 Prise Salz
1 TL Vanillezucker
120 g Butter

* Schmarren = auseinandergerissener Eierkuchen
** glatt = fein gemahlen

1

2

Kürbis-Gugelhupf

mit Mandeln

Zutaten (1 Gugelhupf)
5 Eier
150 g Zucker
1 Prise Salz
Schale von 1/2 Zitrone
100 g Butter
1 EL Mehl
6 g Backpulver
1 MS Muskatnuss, frisch gerieben
50 g Rosinen
75 g Biskuit- oder Löffelbiskuitkrümel/Biskottenbrösel
400 g Muskatkürbisfleisch
75 g Mandeln, fein gerieben
100 g Kristallzucker

Butter und Kürbiskerne für die Form
Puder-/Staubzucker zum Bestreuen

Vorbereitung

- Die Kürbiskerne reiben. Die Gugelhupfform mit Butter auspinseln, mit den Kürbiskernen ausstreuen und kalt stellen.
- 300 g vom Kürbisfleisch in dünne Spalten schneiden und 100 g Kürbisfleisch in kleine Würfel schneiden.
- Die Mandeln fein reiben. Den Backofen auf 170 °C vorheizen.

Zubereitung

- Eier mit Zucker und Butter schaumig schlagen und mit Salz, Mehl, Backpulver, Muskatnuss und Zitronenschale gut vermischen. Danach Rosinen, Mandeln und Krümel/Brösel unterheben. Zuletzt die Kürbiswürfel einmengen (Bild 1).
- Anschließend die Masse in die Gugelhupfform füllen und die Kürbisspalten fächerförmig auflegen Mit Kristallzucker bestreuen (Bild 2) und im Backofen 1 Stunde backen.
- Anschließend den Kuchen leicht überkühlen lassen und vor dem Erkalten stürzen. Nach Belieben den Gugelhupf mit Puder-/Staubzucker bestreuen.

Zubereitungszeit 1 1/4 Stunden

1

2

Kürbiscreme-Torte

Zutaten (12 Stück)

Biskuitteig
30 g Puder-/Staubzucker
3 Eier
etwas Vanillezucker
etwas Zitronenschale
30 g Kristallzucker
75 g Mehl

Creme
600 g Kürbisfleisch
300 ml Wasser
300 g Zucker
1 EL Honig
1/2 Zimtstange
1 MS Zimt
1/2 l Sahne/Obers
6 Blatt Gelatine

Kürbiskerne, geschrotet und geröstet, zum Bestreuen
Tortenreifen, 22 cm Durchmesser

Vorbereitung

- Den Backofen auf 180 °C vorheizen. Den Tortenreifen mit Backpapier einschlagen, so dass ein Boden entsteht, und auf ein Backblech setzen.
- Die Eier trennen. Puder-/Staubzucker, Eigelb/Dotter, Zitronenschale und Vanillezucker in einem Schneekessel schaumig rühren. Die Eiweiß/Eiklar mit Kristallzucker zu steifem Schnee schlagen und in die schaumig gerührte Masse geben.
- Danach das Mehl einsieben und unter die Masse heben. Anschließend die Biskuitmasse in den Tortenreifen füllen und im Backofen 45 Minuten backen.

Zubereitung

- 500 g Kürbisfleisch in große Stücke schneiden, 100 g in kleine Würfel schneiden.
- In einer Stielkasserolle die großen Kürbiswürfel, Zucker, Honig und Zimtstange im Wasser weich kochen (Bild 1). Danach durch ein Sieb gießen, die Zimtrinde entfernen, das Kürbisfleisch fein aufmixen und kalt stellen.
- Die restlichen Kürbiswürfel im Kürbissud kernig kochen und danach sofort abkühlen. Die Gelatine einweichen.
- Das Biskuit dreimal quer durchschneiden und den Deckel als Boden verwenden.
- Die Sahne/das Obers steif schlagen und das Kürbismus zugeben. Die Gelatine gut ausdrücken, im Wasserbad auflösen und unter die Kürbiscreme rühren. Den Zimt dazugeben.
- Mit der Creme die Torte füllen, dabei jede Schicht mit den bereitgehaltenen Kürbiswürfeln bestreuen (Bild 2). Anschließend die ganze Torte mit der Creme bestreichen.
- Die Torte kurz in den Kühlschrank stellen, danach mit den Kürbiskernen bestreuen und beliebig verzieren.

Zubereitungszeit 1 1/2 Stunden, am Vortag bereiten

Kürbisflan* mit Honig und Kürbiskernöl

Zutaten (8 Portionen)
100 g Kristallzucker
5 Eigelb/Dotter
50 ml Sahne/Obers
100 g Mascarpone
150 g Muskatkürbis, püriert
1/2 TL Zimtpulver
1 TL Ingwerpulver
1 MS Muskatnuss, gerieben
1 EL Rum (45 vol.%)
1 TL Vanillezucker

8 TL Kürbiskernöl
4 TL Honig

8 Backförmchen
Butter für die Förmchen
dünne Kürbisscheiben für die Garnierung

* Flan = im Wasserbad gestockte Masse aus Eiern und Flüssigkeit

Vorbereitung

- 50 g Zucker und die Eigelb/Dotter zu einer luftigen Masse aufschlagen.
- Den restlichen Zucker, die Sahne/das Obers und den Mascarpone bis kurz vor den Kochpunkt erhitzen. Die Sahne-/Obersmasse unter Rühren mit dem Schneebesen zur Eigelb-/Dottermasse geben.

Zubereitung

- Die Sahne-Eigelb-Masse und das Kürbispüree mischen, die Gewürze, Rum und Vanillezucker untermengen und in die vorbereiteten, ausgebutterten Backförmchen füllen.
- Im vorgeheizten Backofen bei 200 °C 25–30 Minuten im Wasserbad pochieren (im heißen, nicht kochenden Wasser ziehen lassen).
- Aus den Kürbisscheiben Kreise oder Herzchen ausstechen und diese kurz im Dampf garen.
- Den Kürbisflan auf vorbereitete kalte Teller stürzen. Die Kürbiskreise rund um den Flan legen und mit dem Kürbiskernöl sowie dem Honig umgießen.

Zubereitungszeit 1 Stunde

Tipp

Für das Kürbispüree den Kürbis schälen, in kleine Würfel schneiden und dämpfen (in drucklosem Wasserdampf garen). Mit dem Stabmixer noch heiß pürieren und danach auskühlen lassen.

Süße Kürbiskrapfen

Zutaten (4–6 Portionen)

600 g Dinkelmehl
500 g Kürbisfleisch
125 g Vollrohrzucker
1 Paket Hefe/Germ (42 g)
250 ml lauwarme Milch
1 Ei
1 Prise Salz
Schale von 1 Zitrone, unbehandelt und fein gerieben
100 g Rosinen

Öl zum Frittieren

Vorbereitung

- Den Kürbis schälen und entkernen. Das Fleisch würfeln, den Kürbis am besten in einem Siebeinsatz im Dampf rund 20 Minuten garen, bis das Fruchtfleisch weich ist.
- Das weiche Kürbisfleisch im Mixglas oder mit dem Stabmixer pürieren. Kleinere Mengen können auch mit der Gabel zerdrückt werden.
- Faserige Kürbissorten ergeben ein feineres Püree, wenn man den Kürbis durch ein sehr feines Haarsieb passiert. Dieses Püree eignet sich vor allem für Backwaren.

Zubereitung

- Mehl, Kürbispüree und einen Teil des Zuckers in einer Schüssel verrühren.
- Die Hefe/Germ und den restlichen Zucker in der lauwarmen Milch auflösen und in die Schüssel geben. Ei, Salz, Zitronenschale und Rosinen ebenfalls dazugeben. Das Ganze zu einem glatten Teig verarbeiten, den Teig mit einem feuchten Tuch bedecken und an einem warmen Ort 30 Minuten gehen lassen.
- Den Teig mit einem Esslöffel portionieren und die Krapfen in heißem Frittieröl bei 140 °C herausbacken.
- Anschließend gut abtropfen lassen und noch heiß servieren.

Zubereitungszeit 40 Minuten, Wartezeit 30 Minuten

■ Tipp

Als Beilage eignen sich Ahornsirup, Vanillesauce oder Zimtzucker.

1

2

Süßer Kürbiskuchen

Zutaten (8–10 Portionen)

Mürbeteig
200 g Mehl
4 EL Puder-/Staubzucker
100 g Butter
1 Ei
1 EL Saure Sahne/Sauerrahm
etwas Salz

Fülle
2 Eier
100 g Braun- oder Rohrzucker
Saft und Schale von 1 Zitrone
1 TL Zimt
2 EL Saure Sahne/Sauerrahm
750 g Kürbis, geraspelt
200 g Mandeln, gerieben
3 EL Mandeln, gestiftelt

Backpapier für den Tortenring
Puder-/Staubzucker zum Bestreuen
Frischhaltefolie

Vorbereitung

- Für den Mürbeteig Mehl, Salz und Zucker in eine Rührschüssel geben. Die Butter in kleinen Stücken zugeben. Das Ei und die Saure Sahne/den Sauerrahm verrühren und mit dem Mehlgemisch rasch zu einem glatten Teig verkneten. Den Teig in eine Frischhaltefolie wickeln und 1/2 Stunde kühl stellen.
- Den Kürbis schälen und die Kerne entfernen. Das Kürbisfleisch grob raspeln (Bild 1).

Zubereitung

- Den Backofen auf 180 °C vorheizen. Für die Fülle Eier, Zucker, Zitronenschale, Zimt und Saure Sahne/Sauerrahm in eine Schüssel geben und verrühren. Den geraspelten Kürbis zugeben und vorsichtig zusammen mit dem Zitronensaft unterrühren.
- Eine gefettete Springform oder einen mit Papier eingefassten Tortenreifen (24–26 cm Durchmesser) mit dem ausgerollten Mürbeteig auslegen und den Teigboden mit einer Gabel einstechen.
- Die halbe Menge der geriebenen Mandeln auf dem Boden verteilen und den Rest unter die Kürbismasse mischen. Danach die Kürbismasse über die geriebenen Mandeln verteilen (Bild 2). Zuletzt die Mandelstifte darüberstreuen.
- Danach den Kürbiskuchen im vorgeheizten Backofen ca. 60 Minuten backen. Nach dem Auskühlen mit Puder-/Staubzucker bestreuen.

Zubereitungszeit 1 3/4 Stunden

Kürbisküchlein in Weinteig

Zutaten (3 Portionen)
3 Scheiben Kürbisfleisch, 8–10 cm, 1 cm dick

Weinteig
100 g Mehl
1 Ei
30 ml Milch
1/16 l Weißwein

griffiges Mehl zum Mehlieren
Zimt und Zucker zum Bestreuen
Öl zum Ausbacken

Vorbereitung

- Für den Weinteig alle Zutaten in einer Schüssel glatt rühren und die Kürbisscheiben im Mehl mehlieren.

Zubereitung

- Die Kürbisscheiben durch den Backteig ziehen und in genügend heißem Öl ausbacken (die Kürbisscheiben sollen im Öl schwimmen). Danach herausnehmen und auf Küchenpapier gut abtropfen lassen.
- Die Kürbisscheiben mit Zimtzucker bestreuen und noch warm servieren.

Zubereitungszeit 30 Minuten

© pixelmaker

Black Mamba

Vorbereitung

- Die Zuckermelonen grob würfelig schneiden – einige Stücke für die Dekoration beiseite legen, den Rest in einen Mixbehälter geben. Mit Rum, Orangensaft, Ahornsirup marinieren und für 1 Stunde im Kühlschrank gut durchkühlen lassen.
- Die Melonenstücke für die Garnitur jeweils auf einen Zitronengrasspieß stecken, mit Steirischem Kürbiskernöl g.g.A.* übergießen und pfeffern.

Zubereitung

- Anschließend die leicht gefrorenen Melonenstücke im Mixbecher pürieren, mit etwas Tabasco würzen und mit Champagner, Sekt oder Prosecco aufgießen.
- In Gläser füllen, mit einem Löffel zum Abschluss noch etwas Steirisches Kürbiskernöl g.g.A.* auf die Oberfläche träufeln und einen Zitronengrasspieß auf jedes Glas legen.
- Der Drink sollte mit einem Trink-/Strohhalm getrunken werden.

Zubereitungszeit 30 Minuten, Wartezeit 1 Stunde

Zutaten (4 Personen)

2 Zuckermelonen
1/8 l Rum
1/8 l Orangensaft
1 EL Ahornsirup
4 Stk. Zitronengras
4 EL Steirisches Kürbiskernöl g.g.A.*
etwas Pfeffer
1 Spritzer Tabasco
1 Flasche Champagner, Sekt oder Prosecco (0,75 l)

* g.g.A. = geschützte geografische Angabe

Rezept von Herrn Peter Tichatschek

Kürbiskompott

Zutaten (4 Portionen)
500–600 g Kürbisfleisch
6 Feigen, getrocknet
Saft von 1 Zitrone
200 g Birnendicksaft
200 ml Wasser
1 Stück Zimtstange
100 g ganze Mandeln, geschält

Vorbereitung

- Aus dem Kürbis mit dem Parisienneausstecher (Kugelausstecher) kleine Kugeln ausstechen. Den Rest des Kürbisses kann man für Püree oder Suppe verwenden.
- Die Feigen in feine Streifen schneiden.

Zubereitung

- Zitronensaft, Birnendicksaft, Wasser und Zimtstange aufkochen und die Kürbiskügelchen und die Feigenstreifen darin 8–10 Minuten köcheln lassen. Die geschälten Mandeln dazugeben und noch einmal aufkochen.
- Die Kürbiskugeln, Feigenstreifen und Mandeln anschließend mit einem Schaumlöffel aus dem Zuckersirup heben und in Kompottschüsseln einfüllen.
- Den Zuckersirup nochmals aufkochen, abschmecken und die Früchte damit gut bedecken.
- Auskühlen lassen und am selben Tag servieren.

Zubereitungszeit 20 Minuten

■ Tipp

Man kann das Kompott auch in Einmachgläser einfüllen und muss diese sofort verschließen!
Angebrochene Gläser im Kühlschrank aufbewahren!

Kürbis-Orangen-Konfitüre/-Marmelade

Vorbereitung

- Das Kürbisfleisch in feine Scheiben schneiden.
- Von 3 Orangen mit einem festen Zestenreißer die Schale dünnwandig abreißen. Die Streifen mit wenig Wasser 5 Minuten kochen, danach abgießen und abkühlen lassen.
- Sämtliche Orangen auspressen.

Zubereitung

- Kürbisfleisch, Zucker und Orangensaft in einem großen Kochtopf 20 Minuten kochen lassen. Die Orangenstreifen dazugeben und über Nacht ziehen lassen.
- Die Kürbismasse mit dem Bindemittel Gelfix/Unigel aufkochen und 3 Minuten sprudelnd kochen.
- Vom Feuer nehmen und mit Grand Marnier parfümieren (aromatisieren).
- Die Konfitüre/Marmelade in heiße Gläser füllen und sofort verschließen.

Zubereitungszeit 40 Minuten

Zutaten (1 1/2 kg)

1 kg Kürbisfleisch von einer wässrigen Sorte
6 Orangen, unbehandelt
300 g Vollrohrzucker
1 Pck. Gelfix/Unigel
5 EL Grand Marnier (französischer Likör)

Kürbiskernölaufstrich
aus Quark/Topfen

© Foto Kristoferitsch

Zutaten (ca. 250 g)
250 g Magerquark/-topfen
3 Zehen Knoblauch, gepresst
Steirisches Kürbiskernöl g.g.A.*
Salz und Pfeffer

Kürbiskerne, geröstet,
zum Garnieren

* g.g.A. = geschützte geografische Angabe

Rezept aus dem Buch **„Steirische Versuchung – Das steirische Kürbiskernöl und die besten Rezepte der heimischen Haubenköche"**

Hg. von der Gemeinschaft Steirisches Kürbiskernöl g.g.A.
1. Auflage im Eigenverlag 2008

Zubereitung
- Quark/Topfen glatt rühren. Den gepressten Knoblauch, Salz und Pfeffer und einen Spritzer Steirischen Kürbiskernöls g.g.A.* dazugeben und alles gut verrühren.
- In einer kleinen Schüssel anrichten und mit gerösteten Kürbiskernen garnieren.

Zubereitungszeit 10 Minuten

■ Tipp
Eignet sich ausgezeichnet als Grundlage für verschiedene Brote. Einfach mit Kräutern und Gemüse der Saison dekorieren.

Kürbisaufstric
mit Ei

Zutaten (ca. 500 g)
300 g Kürbisfleisch
4 Eigelb/Dotter, hart gekocht
2 EL Kürbiskernöl
1 TL Weinessig
1 EL Schnittlauchröllchen
1 EL Dille, gehackt
1 EL Estragon, gehackt
Salz und Pfeffer

4 Eiweiß/Eiklar, hart gekocht,
zum Garnieren

Zubereitung

- Das Kürbisfleisch weich dämpfen (im drucklosen Wasserdampf garen), passieren und auskühlen lassen.
- Die gekochten Eigelb/Dotter durch ein feines Sieb drücken, mit den übrigen Zutaten und dem Kürbispüree in einer Schüssel gut vermischen und abschmecken.
- Das Eiweiß/Eiklar fein hacken und als Garnitur verwenden.

Zubereitungszeit 30 Minuten

■ Tipp

Dieser Aufstrich ist im Kühlschrank für einige Tage haltbar.

Kürbis-Kartoffel-Aufstrich

aus Quark/Topfen

Zutaten (ca. 500 g)

250 g Kürbisfleisch
200 g rohe Kartoffeln, geschält
50 ml Milch
250 g Magerquark/-topfen
etwas Muskatnuss, gemahlen
Salz und Pfeffer
1 Prise Zucker
50 g Butter

Zubereitung

- Kürbisfleisch und Kartoffeln weich dämpfen und auskühlen lassen. Anschließend pürieren oder durch ein feines Sieb streichen.
- In einer Schüssel alle Zutaten mit einem Handmixer vermischen und abschmecken. Den Aufstrich in Gläser oder kleine Schüsseln füllen, verschließen und im Kühlschrank aufbewahren.

Zubereitungszeit 40 Minuten

Kürbisaufstrich mit Minze

Zutaten (ca. 1 kg)
1 Gemüsekürbis, ca. 1,5 kg
1 TL Salz
40 g Butter
4 EL Orangensaft
2 EL Minze gehackt
250 g Quark/Topfen (20 % F. i. T.)
1/2 EL Zitronensaft
3 EL Crème fraîche

Zubereitung
- Den Kürbis schälen und in etwa 2 cm dicke Stücke schneiden.
- Über Wasserdampf den Kürbis weich dünsten und pürieren und danach abkühlen lassen. Mit den restlichen Zutaten vermischen und abschmecken. Je nach Kürbissorte eventuell etwas nachwürzen.
- In Konfitüre-/Marmeladegläser abfüllen und verschließen. An einem kühlen Ort ist dieser Aufstrich für mehrere Wochen haltbar.

Zubereitungszeit 30 Minuten

Aus unserem Programm „Einfach & gut"

www.stocker-verlag.com

ISBN 978-3-7020-1190-1

ISBN 978-3-7020-1230-4

ISBN 978-3-7020-1211-3

ISBN 978-3-7020-1183-3

Stocker

ISBN 978-3-7020-1191-8

ISBN 978-3-7020-1186-4

ISBN 978-3-7020-1184-0

ISBN 978-3-7020-1185-7

Leopold Stocker Verlag
Graz – Stuttgart